INNOVATION AND
ENTREPRENEURSHIP MANAGEMENT SERIES
OF NEW MEDICAL SCIENCES

丛书编委会

主　　任　文民刚
副主任　　陈士良　钱　怡　张清宇
委　　员　常　路　昌敬惠　张露文
　　　　　陈江芸　蔡晴蕾　梁志强
　　　　　何飞英

新医科创新创业管理丛书

创业团队管理

Entrepreneurial Team Management

主　编　昌敬惠　陈江芸
副主编　陈士良　钱　怡
　　　　张清宇　何飞英
参　编（按姓氏拼音字母排序）
　　　　黄佳颖　梁宝芳
　　　　孙雪琴　谢昕延
　　　　张嘉怡

广东高等教育出版社
Guangdong Higher Education Press
·广州·

内 容 简 介

  本教材旨在编写创新创业领域的专用教材，着重编写在创业团队组建和管理过程中涉及的基本知识和技能。主要涉及定义创业团队、组建团队、团队领导力、合理授权、项目执行、高效沟通、团队激励、团队成员培养等内容。每章包含知识点均选取 3~5 个来自名人企业家创业史、古今中外历史人物事迹的短篇案例；"案例分析"及"复习思考题"为教师开展案例教学提供素材；"拓展阅读"及"采访视频"为读者提供丰富的多媒体资源。

  本教材服务于高校创新创业类课程，可以为广大高校教师、普通大学生群体等提供借鉴，也可以为参与大学生创新创业项目的参赛团队成员提供参考。

图书在版编目（CIP）数据

创业团队管理/昌敬惠，陈江芸主编. —广州：广东高等教育出版社，2023.8
（新医科创新创业管理丛书）
ISBN 978 – 7 – 5361 – 7460 – 3

Ⅰ. ①创… Ⅱ. ①昌… ②陈… Ⅲ. ①企业管理 – 团队管理 Ⅳ. ①F272.9

中国国家版本馆 CIP 数据核字（2023）第 100442 号

创业团队管理
CHUANGYE TUANDUI GUANLI

出版发行	广东高等教育出版社
	地址：广州市天河区林和西横路
	邮政编码：510500　电话：（020）87551597　87551163
	http://www.gdgjs.com.cn
印　刷	广州市友盛彩印有限公司
开　本	787 毫米×1 092 毫米　1/16
印　张	11.25
字　数	288 千
版　次	2023 年 8 月第 1 版
印　次	2023 年 8 月第 1 次印刷
定　价	45.00 元

前　言

　　随着社会经济的快速发展、科技的进步和市场的不断演变，新兴产业和商业模式不断涌现，创新创业已经成为全社会关注的焦点。我国政府积极鼓励大学生创业，为大学生提供了良好的政策和创业环境，大学生创业已经成了一种时尚和潮流。在这样一个充满挑战与机遇的时代，越来越多的大学生开始关注创业，积极探索创业的道路。古语云："单丝不成线，独木不成林。"在现代社会，团队合作已经成为重要的工作方式。而团队合作是大学生创业团队不可或缺的一部分，如何有效地组建、管理并持续发展一个创业团队，是每个大学生创业者都需要关注和解决的核心问题。团队合作，不仅可以将个人优势发挥到最大，达到团队共同目标，还可以促进信息共享、创新和知识传承，提高工作效率和质量。

　　本书正是在这样的背景下编写的。本书旨在为创业团队提供一些实用的管理知识，给予组建团队、合理授权、项目执行、高效沟通等方面的指导，书中采用案例分析和数字化资源相结合的方式，着重编写在创业团队组建和管理过程中涉及的基本知识和技能。既有学术性，又有实践性，让教师更有系统地教，学生更加全面地学。

　　作为一所具有创新创业氛围的高等院校，南方医科大学创新创业学院以习近平新时代中国特色社会主义思想为指导，以新医科统领医学创新教育，积极探索"医学+X"多学科背景的复合型创新拔尖人才培养路径，一直致力于为学生提供更好的创业平台和支持，帮助他们实现自我价值，成为未来的创业领袖。在编写本书时，我们参考了大量关于创业管理和团队建设的相关研究，并结合了多位成功创业者的经验和故事，收录了多位企业家的采访视频。因时间紧迫，有部分视频作者未能联系上，烦请作者后期与我们联系，以便酬谢。

最后，我们诚挚感谢所有参与本书编写的专家学者、教师、创业者，是你们的支持和付出让这本书得以问世。在未来的日子里，我们将继续关注创业团队管理的发展动态，为创业者们提供更多有益的资源和建议。

"天行健，君子以自强不息；地势坤，君子以厚德载物。"这是《易经》中的经典名句，也是大学生创业团队自强不息、不断探索未知领域的精神所在。

愿这本书能够为广大创业者带来一些启示和帮助，让他们在创业的道路上不断成长和进步。

编　者
2023 年 3 月

目 录

第一章 定义创业团队 ……………………………………………………… 1
第一节 什么是创业团队? ……………………………………………… 1
一、什么是团队? ……………………………………………………… 1
二、创业团队 ………………………………………………………… 4
第二节 创业团队的特点是什么? ……………………………………… 7
一、层级结构的扁平化 ……………………………………………… 7
二、典型的自组织 …………………………………………………… 9
第三节 创业团队有什么类型? ………………………………………… 10
一、根据规模划分 …………………………………………………… 10
二、根据性质划分 …………………………………………………… 11
三、根据发展时期划分 ……………………………………………… 12
四、根据管理情境划分 ……………………………………………… 14
案例分析 ……………………………………………………………… 16
拓展阅读 ……………………………………………………………… 17
采访视频 ……………………………………………………………… 18

第二章 组建团队 …………………………………………………………… 19
第一节 为什么要组建团队? …………………………………………… 19
第二节 如何组建团队? ………………………………………………… 20
一、团队组建原则 …………………………………………………… 20
二、团队需要什么? ………………………………………………… 22
三、组织者的个人分析 ……………………………………………… 24
四、团队组织的一般步骤 …………………………………………… 26
五、满足团队成员需求 ……………………………………………… 27
六、优秀的创业团队 ………………………………………………… 29

第三节　团队组建后如何分工？……………………………………………… 30
　　一、团队品质优化………………………………………………………… 30
　　二、团队建设的演变……………………………………………………… 34
　　案例分析…………………………………………………………………… 35
　　拓展阅读…………………………………………………………………… 36
　　采访视频…………………………………………………………………… 38

第三章　团队领导力………………………………………………………… 39
　第一节　什么是领导力？…………………………………………………… 39
　　一、相关定义……………………………………………………………… 39
　　二、典型的领导理论……………………………………………………… 45
　第二节　领导者与管理者有何不同？……………………………………… 46
　　一、领导和管理…………………………………………………………… 46
　　二、领导者与管理者的定位……………………………………………… 48
　　三、领导者与管理者的区别与联系……………………………………… 50
　第三节　如何提升团队领导力？…………………………………………… 53
　　一、团队领导力评估……………………………………………………… 53
　　二、团队领导力提升……………………………………………………… 55
　　三、合理使用领导方式…………………………………………………… 56
　　案例分析…………………………………………………………………… 59
　　拓展阅读…………………………………………………………………… 60
　　采访视频…………………………………………………………………… 63

第四章　合理授权…………………………………………………………… 64
　第一节　什么是合理授权？………………………………………………… 64
　　一、授权的含义…………………………………………………………… 64
　　二、授权的作用…………………………………………………………… 67
　第二节　如何进行团队授权？……………………………………………… 69
　　一、授权前的准备………………………………………………………… 69
　　二、授权进行时的影响因素……………………………………………… 74
　　三、授权后的反馈………………………………………………………… 77
　第三节　授权后如何进行评估？…………………………………………… 79
　　一、建立评估机制………………………………………………………… 79
　　二、评估的实施…………………………………………………………… 80
　　三、评估后调整…………………………………………………………… 81
　　案例分析…………………………………………………………………… 82
　　拓展阅读…………………………………………………………………… 84
　　采访视频…………………………………………………………………… 84

第五章　项目执行 ……………………………………………………………… 85

第一节　什么是团队项目？ ……………………………………………… 85
一、团队项目 ……………………………………………………………… 85
二、项目团队 ……………………………………………………………… 88

第二节　如何执行团队项目？ …………………………………………… 90
一、项目执行前的准备 …………………………………………………… 90
二、项目执行全解析 ……………………………………………………… 92
三、项目执行后的评价 …………………………………………………… 102

第三节　如何组织项目汇报？ …………………………………………… 103
一、项目汇报前的准备 …………………………………………………… 103
二、项目汇报展示 ………………………………………………………… 105
三、项目汇报后的总结 …………………………………………………… 105
案例分析 …………………………………………………………………… 106
拓展阅读 …………………………………………………………………… 107
采访视频 …………………………………………………………………… 108

第六章　高效沟通 ……………………………………………………………… 109

第一节　什么是高效沟通？ ……………………………………………… 109
一、高效沟通的概念 ……………………………………………………… 109
二、高效沟通与高效管理 ………………………………………………… 110

第二节　高效沟通的技巧是什么？ ……………………………………… 114
一、高效沟通的重要原则 ………………………………………………… 114
二、高效沟通的重要环节 ………………………………………………… 114
三、高效沟通的技巧 ……………………………………………………… 116

第三节　如何实现高效沟通？ …………………………………………… 117
一、与上级的沟通 ………………………………………………………… 117
二、与同事的沟通 ………………………………………………………… 119
三、与下属的沟通 ………………………………………………………… 121
案例分析 …………………………………………………………………… 124
拓展阅读 …………………………………………………………………… 125
采访视频 …………………………………………………………………… 126

第七章　团队激励 ……………………………………………………………… 127

第一节　什么是激励？ …………………………………………………… 127
一、相关定义 ……………………………………………………………… 127
二、激励原则 ……………………………………………………………… 129
三、激励理论 ……………………………………………………………… 130

第二节　团队激励策略有什么？ ………………………………………… 133
一、激励的主要形式 ……………………………………………………… 133
二、激励的常用方法 ……………………………………………………… 134
三、激励计划 ……………………………………………………………… 136

第三节　如何实践团队激励？ …………………………………………… 137
一、明确激励对象 ………………………………………………………… 137
二、明确激励目标 ………………………………………………………… 138
三、实施分类激励 ………………………………………………………… 139
四、把握激励的前提和时机 ……………………………………………… 140
案例分析 …………………………………………………………………… 141
拓展阅读 …………………………………………………………………… 142
采访视频 …………………………………………………………………… 143

第八章　团队成员培养 ………………………………………………… 144

第一节　团队成员培养的第一步 ………………………………………… 144
一、培训的内涵 …………………………………………………………… 144
二、培训的分类 …………………………………………………………… 145
三、培训的目的 …………………………………………………………… 146
四、培训的意义 …………………………………………………………… 146

第二节　团队成员培养的关键是什么？ ………………………………… 147
一、树立团队价值观 ……………………………………………………… 147
二、建立团队制度 ………………………………………………………… 149

第三节　如何培养团队？ ………………………………………………… 153
一、优秀成员的培养策略 ………………………………………………… 153
二、普通成员的培养策略 ………………………………………………… 156
三、低水平成员的培养策略 ……………………………………………… 158
四、老成员的培养策略 …………………………………………………… 159
案例分析 …………………………………………………………………… 160
拓展阅读 …………………………………………………………………… 162
采访视频 …………………………………………………………………… 163

参考文献 ……………………………………………………………………… 164

第一章
定义创业团队

内容提要

　　创业团队是指"有两个或两个以上的新企业创始人并参与新创企业的重大决策从而带来不确定性利益的团体"。功能齐全的团队应该由组织者、核心成员、主要功能者、辅助功能者组成，四个部分各司其职，依靠人与环境的相互作用促进团队的发展。创业团队需要启动资金、实事求是的市场调研、合伙运营的奋斗模式、不依赖于他人的资源与力量等必备条件，并通过建立一套决策、执行、反馈、监督机制来维持团队的正常运行。创业团队可以按照规模、性质、阶段、管理模式等标准进行分类。

第一节　什么是创业团队？

一、什么是团队？

（一）团队与团队架构

　　团队概念源于人类早期的狩猎生活。当时，人们在狩猎活动中发现多个猎手协同配合狩猎，比一个猎手单打独斗的能力和绩效要大得多，于是出现了两个或两个以上猎手合作的狩猎小组，这就是团队的雏形。进入近代社会，团队被赋予了合作与分工的双重含义。一方面，团队内部成员之间相互配合，取得比单个成员更高的绩效；另一方面，在知识爆炸式增长的当下，任何一个人都难以在各个领域做到精通以独立解决一系列问题，因此在不同领域各有专精的人们自发或有计划地组合到一起，将优势有机结合解决问题的方法成为最优解。因此现代意义上的团队，应为两人及两人以上、其成员拥有互补能力、能够和谐相处相互合作的组织。

团队按组成与内部关系结构可大致分为两大类。一类是事业型团队，其为了共同的目标或信仰，有着较强的组织性；另一类是解决问题型团队，一般以解决某些直观存在的现实问题为导向。

团队成员的基本架构可分为组织者、核心成员、主要功能者、辅助功能者四个部分，四个成分之间多元高效地进行配合。

（1）组织者。组织者是团队的发起人，由他进行计划、组织与协调初步组成团队，一般情况下是团队的"核心首脑"，但也存在大型团队中领导与协调由专门的职能部门负责的情况，组织者退居二线，只承担精神上的领导与象征意义。需要注意的是，组织者的领导不是传统意义上的集权或对下属的管辖，现代意义的团队中的领导更加侧重于对其他成员的协调与服务。

（2）核心成员。核心成员作为团队的骨干，既要具备能服务于团队工作的专业能力，也要具备高效的指挥与执行力，在团队运作中具体掌握团队运行的方向，并承担风险评估、绩效管理、利益分配等组织者在领导中难以具体顾及的事宜。在小型团队中，组织者与核心成员、主要功能者的身份会出现一定的重叠，这种重叠一方面有利于团队节约资源以高效运行，但另一方面也会导致职责分配不清而产生混乱，管理者与被管理者的双重身份易导致在团队运行中约束力和执行力减弱，这在团队的组织中需要引起重视。

（3）主要功能者。主要功能者是一个团队正常运作的核心，拥有不同专业技能的成员分工合作，优势互补，充分发挥系统的作用，实现理想绩效。在大型团队中，主要功能者会产生一定的层级分化，形成类似树状的职能结构与层级分工，共同完成既定目标。主要功能者作为团队的主要组成部分与核心力量，是完成任务的主力军。

（4）辅助功能者。在大型团队中，除了前三个成分外，为了维持机构的正常运转与职能的持续运作，辅助功能者也是必不可少的一部分，其更侧重于对团队的服务维护，也是团队的有机组成部分。

综上，任何一个团队中的四个职能成分都有其自己的作用，每个成分都是为团队的共同目标或共同信仰而服务。同时，每个职能之间的界限不是严格分明的，它们之间不是阶层的对立，只是分工的不同。每个团队成员在团队中可拥有多个职能，职能之间可以存在交集，每个职能的任务也存在着相互渗透，在一个良性的团队中，各成员之间应该是相互鼓励、相互学习借鉴、相互促进、共同为团队绩效服务的。

（二）团队与团队运行

一个团队的运行因素，无非是人的因素与环境因素两大类。人作为团队中的有机成分，能够发挥主观能动性改变现有条件与因素，无疑是团队发展的决定性因素。但内环境对一个团队的影响也至关重要，在团队建设与评估中是不可忽视的重要因素。

1. 人的因素

整合团队时，首先应当考虑的便是成员主要特点的多元性。因此，选配、使用队员时，在坚持德才素质的前提下，要掌握最具特色的原则：才能多元、个性多元、角色多元。

（1）个人才能的多元化。一个合格的团队成员，尤其是组织者与核心成员，掌握专长的技能是必然要求，但同时在团队其他成员的领域也要有涉猎与掌握，不要求全才式的样样精通，但需要决策领导者掌握相关的基本素养，这样才能做出高效的决策，避免荒谬不合实际的决策失误。才能多元化的另一个内涵是，在一个合格的团队中，掌握知识的科研者，运筹帷幄的管理者，权责分明、运行高效的执行者，各自坚守职能，才能成为团队乘风破浪的中坚力量。

（2）个性的多元化。团队中的每个成员在其各自成长的社会、家庭和教育环境影响下形成比较固定又相互区别的个性。一个有活力、有执行力、有生命力的团队，其中必然需要不同个性成员进行有机结合，发挥作用。有创新精神、果断自信、拥有"将才"个性的决策者能带领成员抓住机遇，避免因缩手缩脚而被时代淹没抛弃。忠心勤劳、对于决策能不打折扣地完成的执行者是团队的中坚力量。除此之外，还要有胆大心细、敢于言语的"鸣警人"，有生机活力的参与者等。多元化的个性组成能保证团队的各项职能稳定不变，让团队在一个和谐友好的氛围下得到持续发展。

（3）认知角色的多元化。一个氛围友好却不失组织与纪律的团队中，管理者与下属间应该有着合作伙伴与上下级身份之间的相互转换。除此之外，为了团队的长久平稳运行，一个团队需要有老带新的传承。

一个合格的团队，不是一群人的简单聚集与人的自然组合，只有在团队中对人员进行刻意的分工、科学的组合，才能真正意义上构成一个有效的团队。防止各成员之间的内耗，合理分配资源人力，在避免边际效应递减的基础上高效组合、取长补短，带来$1+1>2$的综合实力新高度，团队才能拥有解决问题的能力与底气。

2. 团队文化

与每一个企业都提倡建立专属的企业文化一样，良好的团队文化是一个团队茁壮成长必不可少的重要保证。一方面，团队管理需要先进的现代企业制度支撑；另一方面，先进制度的应用只有和优秀和谐、积极向上的团队文化相融合，才能发挥自身最大的优越性。

（1）主人翁意识。温馨和谐的团队文化，可以增强每一个团队成员的主人翁意识，从而坚定共同的目标，引导团队成员为了团队利益共同拼搏奋斗。

（2）"狼性"文化。近年来，企业间流行推行企业的"狼性"文化，即鼓励成员敢于拼搏、敢于挑战、擅长团队协作，同时倡导团队成员秉持不抛弃、不放弃的精神，遇到困难有足够克服困难的勇气等。这样的理念值得每一个团队在运作中学习与借鉴。但有些企业过分扭曲"狼性"文化，将其理解为你死我活的残酷竞争以及缺乏人性化的机械式管理，这就走向了极端。因此新时代的管理者在企业文化的建设中要坚持适度原则。

二、创业团队

(一) 创业团队的概念

创业是一个持续、艰苦的创新过程,往往需要一个团队在锁定的领域中持续发力,单靠一个简单的想法、一时的激情,成功率很低。就创业领域的团队而言,创业团队是致力于创建和管理一个新创企业的一群人。若着眼于一个企业的成长周期,创业团队的内部成员在早期即可以因为所追求的共同目标而联合,共同为企业负责。团队在建立早期既是作为企业的元老阶层,又是带有社会意义的一个团队。汇聚各类资源与人力,团队整体既承担企业红利,又为企业负责。综上,归纳出完整的创业团队定义:有两个或两个以上的新企业创始人并参与新创企业的重大决策,从而带来不确定性利益的团体。

(二) 创业团队的构成要素

结合创业团队的定义,可以分析出创业团队大致包含的三个基本要素,即两个或两个以上的团队成员、成员亲身参与了该企业的重大决策、成员对企业负责与全体成员风险利益共担。有足够的人员配置并合理组合,创业团队才有了作为严格意义上团队的条件;团队成员参与到企业的重大决策中去,而不是在企业挂名,才能和企业建立联系,让创业团队和企业成为一个利益共同体;团队对企业负责,才能真正意义上让创业团队成为企业的核心,与企业共进退。

(三) 创业团队的基本构成

创业团队的组织架构遵循一般团队的基本构成,但由于其创业目的的特殊性,创业团队相较于一般团队有着更加详细的分工体系与人员构成,具体的构成要素因企业规模和功能而有各自的调整,但大体上可以分为创始人、核心员工、董事会、顾问委员会、贷款者(投资者)等。诸要素围绕创始人进行有机组合。

(1) 创始人。大多数创始人面对的决策是承办一个怎样的团队、怎样的企业。面对日益完善的现代市场体系与企业制度,越来越多的人在独办企业与合伙创办企业之间选择了后者。"研究表明,50%~70%的新企业是合伙企业,合伙创始人应注意股权分配,两人合伙相对较容易,比如微软、谷歌、雅虎的初始股比分别为6:4、5:5和5:5,若三人及以上一起创业,一定要表明牵头人,否则会引起团队冲突,有时甚至导致产生难以调和的矛盾。"

创始人不仅是团队诞生的前提,更为创业团队贡献了必不可少的创意与知识,参与最重要事项的最终决策,决定着成为什么样的团队、走什么样的路线等基本问题。一个团队的创始人,起着团队的核心作用,更承担着整个团队的风险与责任。因此,创始人必须有着较高的能力储备,如知识素养、创业经验、社会关系网等。①知识素养。接受过较高水平的高等教育,在基本科学知识、经济管理方面有所涉猎的创业者,往往能更敏锐地观察市场信息，在竞争中占据先机。②产品与创业经验。创始人拥有创业团队的运营经验，无论这个经验是成功还是失败，都是独一无二的优势，在新的团队建设中能够借鉴原有模式、规避重大失误，为团队的平稳运行保驾护航。③广泛的社会关系网。创始人拥有广泛的社会关系网络，能够为整个团队更大限度地带来社会信息、资源、资金与发展机遇，遇到困境时也能够广泛寻求帮助，早日渡过难关。

（2）核心员工。一个完善的创业团队其成员也需要一个积累的过程。核心员工是在团队凝聚最早期通过吸引与招募不断汇聚到团队中来，并且在团队成长过程中不断更新的，每一个核心员工的工作直接影响到企业价值的实现。值得注意的是，核心员工往往也是创业者的亲信或忠实伙伴。

（3）董事会。建立董事会，完善决策制度与监督制度，是创业团队迈向优秀现代企业的必经之路。在创业团队初期，创业规模较小，董事会实际上由创始人一人担任，但随着公司的发展壮大，董事会必然需要进行专业化，否则一人独裁的体制难以激发成员的积极性，且会越来越为企业的运作带来不稳定性。在过渡时期，由创始人与几位综合能力较强的股东组成董事会，足以应对创业团队所需的决策事宜。同时，创始人应该防范控股人的私下联合，避免控股人通过集中股权架空创始人权力。因此，进一步完善现代企业制度，是创业团队向合格的上市企业发展的必经之路。在投资人或某一方试图影响董事会的正常运作时，可以引入第三方的独立董事，其不代表任何一方利益，致力于将自己的决策服务于公司长远利益，以此达到制衡效果。若公司上市，则需要严格按照相关规定公开透明进行董事会选举，并且实行错峰与定期轮换，力保权力结构不会变质。

（4）顾问委员会。顾问委员会对管理者经营过程中遇到的专业性或经验性问题提供建议，他们不参与公司的法人结构与利益组成，站在中立的角度为团队提供咨询，起到类似"智库"的作用。其可以游离于创业团队的架构之外，甚至可以临时组建或对外征求。

创业团队在运营初期一定要确认一个合理的股权结构，并建立长效的稳定与发展规划，这样既能避免一个人过分的独断专行，又能避免权力过度分散缺乏主心骨，还能在团队扩大的过程中保证基本股权结构不变的情况下通过一定的股权激励激发员工的积极性。

（四）创业团队的基本运行

1. 创业团队运行的必备条件

一个创业团队要想在市场中立稳脚跟，需要拥有以下几个必不可少的条件。

（1）启动资金。作为谋求实际利益的创业团队，首先需要足够支撑策略的启动资金。在当今金融市场日益膨胀的情况下，纯粹的内部成员集资已经逐渐落后于大趋势，效率低下且风险高，通过完备的前期策划进行社会征集或以公司法人名义通过银行贷款进行有益补充是较优的选择。这便要求创业团队建立起完备的现代企业制度、法人体系。

（2）实事求是的市场调研。市场的日益膨胀与饱和，对创业者们创新意识提出了越来越高的要求，但也产生了越来越多为了创新而创新的产品与企业，如空中楼阁一样架在市场之上。实践的教训证明，创新创业只有贴近民生、有过实事求是的市场调研，创业领域有着切实的需求，创业才有成功实践的可能性。

（3）合伙运营的奋斗模式。创业团队必然服务于企业，但又不能完全将自己和已成体系的大型企业画等号。一个创业团队，每个人都是参与者，是同一个理想、利益的共同体，不能出现某些成员只在团队建立之初贡献资金、资源后便占有固定的股份撒手不再参与团队事务的情况，只有合伙式的运营模式才能最大限度地调动每个成员为团队奋斗的积极性。

（4）不依赖于他人的资源与力量。不依赖于他人不是指脱离现有市场独立发展，而是指作为一个创业团队在从业领域一定要有自己的核心力量与竞争优势，在发展自身优势的过程中独立自主、自力更生，核心领域绝不能挂靠于他人，否则团队的成就越大，受他人的约束就越大。近年来美国频频通过芯片技术卡我们"脖子"，这些行为佐证了自主核心技术对于创业团队的重要性。

2. 创业团队运行的管理机制

创业团队为了维持正常运作，需要建立一定的内部运转系统。在人员构成、文化氛围、政策导向基本稳定的前提下，利用体系化、制度化的公司章程来优化成员的内部关系。一套完整的团队管理机制体系，一般应有决策机制、执行机制、反馈机制、监督机制四个子系统，四个子系统相互运作，维持着团队内环境的稳定。

（1）决策机制。一个合格的现代决策机制，绝不能是决策者的"一言堂"，不能成为网络调侃中的"三拍决策"——拍脑门决策，员工辛苦执行时拍手鼓劲，出了问题拍屁股走人。建立一个完善的民主决策机制，才是决策者的首要职责。正如我党一贯坚持的群众路线——从群众中来到群众中去，决策前充分尊重团队成员意见，采纳团队成员建议。通过共同的决策结构绑定群体利益，既提高了团队成员的参与感而促进其积极性，又通过利益驱使增强了团体凝聚力与群体荣誉感。因此，决策机制包含依靠人、尊重人、凝聚人的机制。

（2）执行机制。将科学的决策转化为绩效的桥梁是执行。决策的执行过程需要紧握"积极、规范、灵活"三个方面。要保证执行者积极响应决策，规范执行者行为，避免偷奸耍滑等行为；同时执行者也是团队的主体，在执行决策过程中应该充分发挥主观能动性，不局限于机械地执行，充分思考，在执行中寻找更优解。要确保执行机制的深入贯彻，就需要严格执行相应的激励与惩罚措施。换言之，执行机制是激励人的机制。

（3）反馈机制。管理者及时地掌握团队执行情况与内部状况，是保障与改善团队绩效的必然要求，因此，要建立完备的反馈机制。管理者接收到的反馈应包含垂直与水平两个方向。垂直方向上，主要是决策的实际执行状况、执行效果反馈，以及上下游之间信息的快速传递、相互了解与促进；水平方向上，参与同一工作的团队成员之间相互共享经验与工作成果，打造积极的工作氛围，相互学习，相互激励。因此，反馈机制包含了解人、发展人的机制。

（4）监督机制。任何团队的长效运行，都需要对自身行为进行监督。长久以来，社会上各种企业违法行为的屡禁不止，很大程度上都是因为监督的缺失。不论发展到哪个阶段的创业团队，都需要完善的自我监督机制，一方面防范因自身行为的失准而做出触犯社会道德乃至法律的行为，另一方面规范团队内部权力的运行与执行的规范。监督机制绝不是一种压迫机制，相反，其运行是对整个团队的保护。只有在团队内部建立一系列完善的民主监督、评议、质询机制，对团队运行的每一步骤都有预案与措施，才能为团队排忧解难、保驾护航。因此，监督机制包含保护人的机制。

综上，团队内部的决策、执行、反馈、监督机制，彼此之间相互贯通，决策是执行的前提，反馈为决策和执行的绩效提供展示，监督是决策与执行支持高效的保障。四个机制绝不是单向进行的死胡同，而是彼此之间双向运作，构成一个有机的回路，为团队稳定的内环境提供制度保障。

第二节 创业团队的特点是什么？

一、层级结构的扁平化

针对不同团队内部成员之间的关系、成员与管理者的阶层关系，团队组织结构可以划分为扁平型和层次差异分明型，后者又包括马鞍型、金字塔型、椭圆型等，在此不多做叙述。"所谓组织结构扁平化，就是一种通过减少管理层次，压缩职能机构，裁减人员，使组织的决策层和操作层之间的中间管理层级越少越好，以便组织最大可能将决策权延至最远的底层，从而提高管理的效率，由此建立起来的一种紧凑而富有弹性的新型团体组织结构。"扁平化的优势集中体现在管理的直接、高效上，由于其本身具有一定的动态性，更便于管理者灵活地监督与控制某个职能部门的活动；相较于层层嵌套的管理模式，扁平型实际的管控范围与控制力度也更大更强。组织结构的扁平化为创业团队解决问题提供了新模式，将创业团队的自身优势进一步扩大：一方面作为密集型团队，内部的信息交流与传递更加便捷，可以有效提高团队执行活动的效率；另一方面，团队成员普遍较高的能力素养与独立工作能力、对组织的忠诚度，能够让管理者敢于进行授权（详见第四章"合理授权"），进而向新型的团队关系转变。

（一）团队的去中心化

在当今的市场模式下，随着企业结构的扁平化风潮不断蔓延和互联网技术日益成熟，任何企业的管理层级都将被大幅压缩。相较于成熟企业中阶级分明的上下级隶属关系，创业团队从事的是一个从无到有的过程，在初期其团队成员基本没有资历新老之分，团队成员均为团队的始创者，相互之间分工不同但不存在传统意义上的明显的领导与被领导关系。换言之，整个创业团队（尤其是建立初期）的每个成员都是团队的核心成员，因此，核心决策者的中心地位变得模糊。当然，这并不意味着团队不需要有战略眼光的最终决策者，只是在整个去中心化的团队中，领导的作用更多在关键决策方面把握正确方向，协调内部成员，引导每个成员为了团队的核心利益去发光发热。创业团队从组建开始就具有去中心化的特征，相较于传统团队有着鲜明的特征与优势：①组织内部所有参与者在相对平等中竞争与合作；②权力与功能最大限度地分散化；③团队有着极强的可塑性。

相较于传统的公司层级结构，创业团队的决策与管理者的作用更显重要，因为在传统结构层中，层层分工与责任归属划分更加明确与成体系，某些部分运行的脱节不会立刻对一个公司整体造成严重影响。但在创业团队中，每个成员都有核心作用，一旦协调不当，任何成员的失控都会对团队发展造成严重的打击。这就更要求决策者在与团队成员平等相处的同时又能全面掌控，协调各方。

（二）机构职能的交融

创业团队完成从无到有、从策划到现实的改造，需要团队成员的共同努力协作。组织者、核心成员、主要功能者、辅助功能者的职能分类在创业团队中呈现模糊和更加明显的相互交融，团队成员各有专精，每个人的行为都关乎团队的核心利益，每个人都可以是决策者、核心成员、功能者、辅助者，彼此之间不存在谁的利益更多更少、谁的地位更高更低，当结合成为创业团队时起，整个团队便成了一个不分你我的利益共同体。

在传统的企业运作分工中，一项业务的完成需要各部门共同分担操作。但这种分工只能实现理论上的"效率"，因为忽视了各部门之间联络的隔阂与程序烦琐，长此以往会增加无谓的内耗，从而降低员工积极性。创业团队的结构，减少了单纯的"中间管理层结构"，从而缩短了整个企业内部的所有指挥决策、传递信息的时间，使整个企业从原来的垂直运作结构变成横向网络结构，这将使创业团队的管理控制幅度与流程化管理水平得到提高。

> **案例故事**
>
> 小米公司从一家名不见经传的小企业发展成为涉猎广泛的行业龙头，其组织架构功不可没。据内部高层介绍，小米公司的组织结构只有三级：公司核心创始人—部门领导者—员工。在这个组织结构中，除了极少数核心创始人在公司内被赋予了具体职位以外，剩下的所有骨干第一身份都是工程师，没有具体职位。雷军作为核心创始人的最顶层，他给自己定义的第一职务是首席产品经理，因此每当有新产品的发布会与讨论，他必定会躬亲观摩指导。小米公司在产品、营销、硬件和电商这四大业务组成中都安排有创始人负责跟进，各部门负责人除了本部门事宜外，也会参与到部门间的协商。
>
> 资料来源：齐凯隆. 商务管家：去中心化自组织的创新产业 [J]. 商场现代化，2019（21）：10-11.

二、典型的自组织

自组织是指一个系统在内部机制的驱动下，从简单向复杂、从低级向高级发展，不断地提高自身复杂度和精细度的过程。审视一个创业团队的形成与发展，可以观察到很多明显的自组织特征。

其中，"系统开放性是其发展的动力来源，非线性相互作用是自组织演化的直接动力，自组织团队是团队工作的一种高级形式，是能够自发地产生新的演化模式的一种复杂适应系统，当环境的条件改变时，它能够自行转变其运行模式，以适应环境的需求。与一般团队相比，自组织团队具有自适应、多功能、对组织承诺和没有管理者等特点，其结构和状态模式是由团队成员之间的相互作用产生的，而不是由外部力量强制实现的"。

（1）系统开放性。"团队是一个开放性的系统，它能与外部环境不断地进行物质、能量和信息的交换。"一个自组织要维系其结构和功能，就要时刻自发地与外界进行物质、资源与信息的交换，促进自身不断新陈代谢，正如热力学第二定律所描述，系统内部的涨落和外部环境的干扰对系统的稳定性构成持续的"威胁"，促使涌现与突变的诞生，产生了 $1+1>2$ 的现象。创业团队最基本的活动不是创业领域的生产，而是各类的交换活动，以此进行自我更新，支撑组织内部的相对稳定性与成长变化，并以这些基本活动为支撑，为组织的正常工作提供根本动力。

（2）非线性。"一个复杂系统通常由许多子系统组成，各组成之间，不同层次的组成相互关联、相互制约，以某种或多种方式发生复杂的非线性相互作用，而且相互作用也是多种多样的。"创业者将其团队置于一个非线性的条件下，团队内部诸成员以及外部环境的非线性关系，恰恰为团队的发展提供了发展机遇，团队内部各个成员的联系是有机、多样的，各成员之间你中有我、我中有你、密不可分，竞争与合作共存才得以凝聚为一个有机整体，每个团队成员都对团队有着牵一发而动全身的影响，也正是这样，自组织规范内部成员行为与职责，能有效保障团队的稳定与发展。

（3）自适性。自组织团队从组织形成到发展，经历不断变化的内外环境，自身对环境的适应性也不断加强。当自组织内部经历矛盾和冲突的解决后，内部更加团结，协调性提高，面对发展过程中的内部挑战能更好地化解。面对外环境的挑战不是被动接受，而是借此激发团队潜能，用挑战磨砺自身，改进不足、吸取教训以适应不同环境，促进自身完善发展。自组织的创业团队为了适应环境，需要不断进行内部外部信息交流学习，不断积累经验能力以支撑自身的改变。发挥自适性的关键，在于团队的终身学习，内部各成员之间学习借鉴彼此的专业知识与背景，形成和谐而丰富多彩的内部风格，同时，团队不断向外界汲取新事物，及时促进适应新环境，建立学习型的组织，适应不断变革的社会环境，是新时代对创业团队提出的新要求。

（4）对组织承诺。创业者搭建创业团队，一定是为了共同的理想与目标。身负才华且志同道合的创业者们，贡献了自己的劳动与时间，客观上也让渡自己的部分权利（相较于自由职业者）给组织者进行团队的指挥与控制，每个成员都对团队倾注了心血，目的是最终获得创业的回报。因此，每个人都实际上对整个团队负责，对团队许下了一份坚定的承诺，团队成员之间相互利益捆绑，每个人的收益都与团队的生存发展紧密相连。就是在这份承诺的监督与激励下，组织成员会更具责任心与凝聚力，更有利于组织的发展。一个优秀的自组织，一个能成功的创业团队，需要对组织的忠诚与信任，以此才能进一步向更高更好演化。

（5）没有管理者。就创业团队的自组织形式而言，其不同于企事业单位的部门，存在团队之外的管理者。创业团队管理的本质其实是团队的自我管理。而为了团队能更加高效地运作，团队选择了最合适者负责组织内部的协调。

案例故事

史玉柱是曾经家喻户晓的"脑黄金"产品创始人，脑黄金产品在市场上取得成功之后，以他为核心的整个团队对市场丧失了理智的观察，又推出十多款保健品。由于产品的不贴合市场和营销失败，企业几乎在一夜之间便负债2.5亿元，史玉柱也跌入人生谷底。企业扩展市场失败后，团队一起重拾信心，细致分析、反思存在的问题和不足。为了更全面认识自己，史玉柱号召团队成员收集一切批判自己公司的负面报道，吸收别人对公司的批评，定时召开团队内部批斗会，要求团队成员积极指出彼此的问题并改正。就是他们这种反思务实的精神，赋予了公司极强的韧性，使史玉柱的公司再次在全国县城占领市场，他也再次跻身一线商人俱乐部。洒下的星星之火，终成燎原之势。

第三节　创业团队有什么类型？

一、根据规模划分

（一）集约型团队

团队在组建初期只包含极少数的核心成员，甚至可能只是两个志同道合、有共同想法的创业者的临时组合，这种可以用"白手起家"来形容的团队虽然规模小、初期实力弱，但灵活性强，且团队成员对团队的控制力强，可以较稳定地控制团队的运作方向，避免内部成员内耗，更有利于内部团结。团队成员较少，很可能存在职能的相互交叉与兼任，对团队每个人的个人能力提出了较高的要求。较少人数的团队面临风险时的抵御能力相较于大型团队可能会偏弱，这对团队每个人的风险预测等一系列应急反应能力提出了较高要求。在这种内外部压力的要求下,集约型团队成员往往拥有更高的个人工作与团队协调能力。同时,在团队管理中,组织者应该如何扮演好领导者与协作伙伴的双重关系,既保持一个管理者应有的威信与领导能力,又与团队成员密切合作互帮互助,及时识别小团队中潜在的冲突矛盾并化解调和,是必须着重思考的问题。

(二) 大型团队

相较于集约化的团队架构,也会有创业团队构建的团队结构趋向完整,以满足大型企业的运营要求。大型团队的人员分工较为细化与明确,不同成员承担任务的专业性也更强,这就更加考验组织者的协调组合能力,如何能更好地搭配团队成员工作。大型团队的运营管理,需要建设相配套的民主决策机制,避免组织者个人无法照顾周全。权责分明、运行高效的大型团队,管理决策监督机制应该日趋成熟,管理者做的只是宏观的调控与重大事项的审阅,一套完整的董事、监事、项目经理体系应在团队发展中不断完善。管理者事无巨细地亲力亲为,虽然能起到激励员工的效果,但对整个团队的工作实际效用不大,因此,身为大型团队的管理者,既要明白自己的职责定位,切勿被琐事过度牵连,无法顾全大局,又不能好高骛远,被手头的业绩与权力冲昏了头脑,务必脚踏实地地带领团队不断奋斗。

二、根据性质划分

(一) 销售型

销售型的创业团队,有着较低的进入门槛,一般以扩大市场为直接目的。需要注意的是,在市场经济高度发达的当下,单纯的销售型创业团队假如没有自己的核心技术与竞争优势,很容易被瞬息万变的市场趋势所取代。因此,销售型的创业团队往往以较集约化的结构方式出现,依附于其他生产模式。现代的销售型创业团队往往与互联网技术紧密结合,通过担任"中间商"的角色赚取利润。当然,除了形如阿里巴巴、亚马逊一类发展成规模的企业,销售型创业团队的运作作为其他一切盈利模式的最终归属——任何价值的创造与实现都离不开生产、分配、交换、消费的链条——其余小型的创业团队也仍大量存在。在团队的管理中,如何规范业务员行为,如何通过精准的绩效考核鼓励员工以及通过分配薪资以激励员工,如何有效避免团队内部为了争夺业绩而产生矛盾与内耗,如何准确及时地把握市场变化,都是销售型的创业团队更应该考虑的问题。

(二) 研发型

长期以来,中国依赖拼规模、耗资源的粗放型增长模式,在社会建设与市场改革初期驱动了经济体量的快速增长,但随着体量的红利开发殆尽,带来了产能过剩、环境污染、资源紧张等多种问题,开始严重制约企业发展的速度。纵观当下中国市场,技术研发和科技创新越来越成为企业发展和社会进步的源泉和主要推动力,创业团队只有致力于科研创新，不断开拓新视野，才能破除当下的可持续发展困境，让企业真正做强做大，进一步抢占全球竞争优势。可以见得，研发型的创业团队将会是中国建设社会主义现代化强国的一支生力军。

在研发型的创业团队中，团队科研者的地位与管理，更应引起组织者的重视与权衡。在研发历程中，如何高效明确地划分权、责、利，项目进展过程中的实时跟进与评估，团队利益与社会贡献之间的权衡，团队研发方向与创意的构思，如何不断改进产品与提高研发实力，都是研发团队在经营过程中需要思考的问题。值得强调的是，研发型的创业团队具有科研与创业的双重性质，这便意味着团队在从事任何一项工作时都需要考虑另一项身份的得失，科研需要考虑盈亏，不能单方面不计产出效率地投入，而我们的高新科技长期以来都是依靠国家力量进行更新的，在这方面我们仍需要大量的探索。另外，产品研发才是企业长足发展的根本动力，创业团队在经营过程中不论企业如何发展都不能遗忘了本心。

（三）生产型

生产型的创业团队通过从事生产活动进行营利，广义上劳动力、有形商品、知识、生产资料的生产都可以归纳为生产类型。作为最广泛的创业团队类型，管理组织者在对团队的协调控制中应着重时刻关注市场动向，实时量化风险、合理防控，并调动整个团队成员的主人翁意识，参与风险管控。生产作业中创业团队应坚持现代化标准化原则，并让每个成员都切身参与到产品质量提升与成本管控中去。

三、根据发展时期划分

（一）起步型

创业团队的起步阶段，可细化为创业团队组建与创业起步两个层面，其中创业团队的组建将在第二章讲述。创业起步重要的便是明确发展方向，走出盈利第一步。创业团队成功组建后，应当已经对公司的发展有了初步的规划，接下来需要做的便是将这份想法发展为详细的市场调研、分工具体化、公司发展策划等，然后按照分工逐步实施。新企业的起步往往是艰难的，即使是再具有生命力与创新性的创业方案，其受到社会的接纳与认同也需要一个实践检验的过程，而这个过程就是对创业者的一个极大考验。倘若过于急功近利，一旦看不到回报便选择退出，那么成功将永远被扼杀在摇篮中。创业意味着开创新的天地，一定会有困难摆在团队面前，这时领导者要发挥主心骨的作用，带给成员们克服当下困难的勇气。除此之外，创业团队也应保持理性的判断力，若在经营中发现了市场调研的失误，所从事的事业已与时代发展的大潮相悖，此时也应当机立断，切不可贪图当下暂时的利益或舍不得已经投入的心血，要及时带领团队退出或选择转型升级。

（二）扩张型

当创业团队在市场上站稳脚跟赚得"第一桶金"，必然要面临进行扩张的问题。一方面是扩充创业团队成员，另一方面是扩大企业的经营规模与范围。团队的扩张是企业发展的必然要求，在起步阶段由于团队实力较弱小、经营规模不大，团队一般只构建了基本的人员组成，仅拥有少量的核心成员，这是适应创业初期现实情况、提高经营效率的必然要求。但随着企业经营规模的日益扩大，在保持创业团队基本构成的前提下进行成员的扩充是必要的。通过不断发展的实力吸纳新人才、新技术、新想法，完善管理、技术、经营体系，以适应发展的新要求。在吸纳新成员时，务必注意评估新成员的能力大小、对团队的忠诚度等，不可将投机分子吸引入团队中。

随着团队走向扩张阶段，内部出现矛盾与分歧的可能性会增大。团队的收益不断增大，一些成员可能会主观地认为利益分配存在不均，自己多劳"少得"，要求重新划分利益乃至股份。管理者倘若不能有效处理矛盾，团结内部成员，很可能会导致团队走向分裂。这时组织者需要大公无私，既能从团队利益出发平衡好权力、收益划分，又能发挥领导的情感能力团结成员、化解矛盾、引导成员专注于公司的创收。

（三）萎缩型

任何企业都很难做到成为市场上的"常青树"。管理经营不善、同行的激烈竞争、落后于市场需求等因素，都有可能造成创业团队出现萎缩。萎缩也分为暂时性的低迷和永久性的衰败。大部分企业的萎缩都不是一夜之间形成的，除非是政策的打压或重大自然灾害等难以预测的因素。团队的管理者应当对公司的发展前景时刻保持着敏感性，敏锐观察市场变化，以免使团队陷入危机。当公司真的面临难以回避的危机，面临萎缩乃至破裂时，要维持团队的稳定，抵制任何动摇军心的言论与行为，避免"树倒猢狲散"的情况，召集团队核心成员，集中力量克服困难，采取转型或向外界寻求援助等方法挽救团队。

> **案例故事**
>
> 2015年，哈尔滨工程大学三名学生分别具有较强的动手能力、好奇心和冒险精神，于是一拍即合，组成了一个大学生创业团队，在参加各种创业比赛的同时，也做好了创业的准备。三人在实践过程中遇到的首要挑战是自己身份认知的转变，如何充分认识到自己不仅是一个创新者而且还是一个创业者，如何把之前的理论产出正式付诸实践，这也是当代年轻人组建创业团队必须思考的共性问题。三人公司的任务定位是进行模块化传播模型教具的销售和进行相关教育培训。公司成立前虽已经按计划进行了市场调研，确认了项目需求的客观存在，却未形成成熟的盈利模式，也没有做好切实可行的融资方案。纵观他们的创业过程，与其说是一个创业经历，倒不如说更像一次科研调查或不完美的沙盘推演。

> 在经受过一些不成熟的设计带来的经验教训后,三人逐步改进工作,弥补过失,通过有吸引力的招标演讲吸引投资。一年后,公司终于顺利投入运营。但问题又来了,有后来加进来的同学因为考研考公等学业、生活、家庭的压力选择退出团队。三人积极申请相关国家政策帮助,为团队和团队成员个人问题排忧解难。随着产品销量的提升,公司出现了售后难以跟进解决的问题,造成了客户群体的流失。队员们及时借助"互联网+"提供便利深耕市场,最终挽留了消费者,并进一步发挥大学生优势,通过网站、"QQ群"、论坛等建立消费者和生产者的互动平台,挖掘产品潜力。
>
> 资料来源:王超. 起步型大学生创业项目的帮扶理论与实践:以哈尔滨工程大学"深度科技发展有限公司"为例 [J]. 教育教学论坛,2019(21):1-2.

四、根据管理情境划分

(一)成熟管理者空降到一个陌生团队

这个团队可能是原本就有的,也可能是刚组建的。公司派管理者去管理这个团队,希望将它盘活。管理者对团队中的人缺乏了解,不知道他们是什么样的人。管理者需要做的第一件事就是尽快熟悉团队的现状,主要包括以下几项。

(1)团队内部的人际关系如何?是否存在非正式组织(小圈子)?
(2)团队的产出能力如何?有无提高生产效率的潜力?
(3)团队中有多少模范者、高成本生产者、"乘客"和减损者?
(4)每个员工的性格、能力、愿望是怎样的?
(5)谁能为你提供有效的情报?
(6)谁能成为你工作上的左膀右臂?

总之,管理者要迅速了解团队成员的基本情况,以便判断团队是否具有生命力以及管理与培养重心应放在何处。另外,在一个陌生的团队中,管理者一定要尽快通过展现领导能力与人格魅力来建立威信。

(二)新晋管理者领导原先的同事

这种团队管理情境比较麻烦。管理者对团队的一切了如指掌,但此前跟其他成员是平起平坐的关系。如今你升职了,他们是会否服从你的指挥调度?这是一个问题。管理者最需要做的就是完成角色转化,而他们最需要做的就是适应你们之间的新关系。

新晋管理者要在工作中树立权威,但又不能不注意团结原先的同事。必须掌握好处理关系时的分寸,既不要过于仗势欺人,导致他们怨恨与不满,也不要过于没有主见,导致同事们处处刁难阻碍你的工作。要谨记既能保持平易近人、民主友好的作风,又能秉承赏罚分明的态度,恩威并施。

(三) 通过部门拆分或合并重组团队

团队重组会打破原先的人际关系和利益关系，让员工们感到不安。来自不同部门的员工刚聚在一起，彼此不熟悉，缺乏工作上的默契。因此，刚重组完毕的团队不可能实现高的产出成果。重组团队的领导人必须明确这一点，不能只想着出业绩，而忽略成员们的感受。

领导要注意观察成员们在新岗位上的表现。有的人也许曾经很优秀，但现在可能因为水土不服，工作很吃力；有的人跟其他成员关系不和，造成团队内部关系紧张。作为管理者，要适当地将精力向陌生员工倾斜，使新成员尽快融入集体。另外，不管是对新员工还是老员工，都不要过分苛责，首要工作是安抚成员情绪，重铸团队凝聚力。可以通过一些团建帮助员工们获得归属感，并借机制定公司规章制度，鼓励新老成员加强沟通。经过不断努力，重组的团队才能完成有效整合。

(四) 领导需要裁员的团队

这无疑是最严峻的团队管理情境。走到需要裁员这一步，说明该团队积弊已久，已经沦为公司负资产，必须壮士断腕。精简团队是必需的，裁员是残酷的，管理者需要减少感情用事的心态，理性分析领导力资本和团队成员的产出情况，确定哪些人要留下来，哪些人应该调走，哪些人必须解雇。

首先要保住真正的人才，他们是团队重整旗鼓的保障，要让他们每个人都到最适合自己的岗位上，最大程度继续发挥自己的才干，并鼓励他们继续提升自身本领，挑战承担更艰巨的任务。面对生产成本较高的员工，可以适当调低他们的职位与权力，安排他们到第一种员工手下进行学习锻炼，提升他们的能力，为将来公司重整旗鼓积蓄能量。对于一些对公司贡献不是特别突出、工作干劲比较低但有发展潜力的员工，要对其恩威并施，通过更加激进的鼓励手段让他们做得更好。

经过以上的重整，剩下的基本是一些对公司发展没有积极作用，甚至消极偷懒、阻挠公司进步的人，此时一定要快刀斩乱麻，把他们调离团队或者解聘，然后从其他团队或者公司外部招聘更优秀的老员工或更有潜力的新员工，优化团队结构。至此，团队改造工作已经基本完成，剩下的就是磨合问题。

团队领导人要面临的管理情境往往不尽相同。如果不注意区分，就会容易激化团队矛盾，让整个团队失去凝聚力。

复习思考题：
1. 优秀的创业团队需要具备什么机制与职能机构？
2. 优秀的创业团队应具备哪些特点？请分类阐述。
3. 创业团队可以如何分类？不同类型的创业团队的管理重点在哪里？

格列卫的创业故事

依照全球经济体的支出情况来看，中国将成为未来全球医药行业的主要消费市场。随着医疗技术和肿瘤发病率的同步提高，新药将成为推动全球医药行业发展的重要因素之一，但医药市场上仍存在诸多问题。首先，销售手段单一，传统销售模式的一些不良行为严重扰乱医药市场秩序，医药公司之间的恶性竞争导致双方利益受损。其次，许多制药公司没有宏大的战略眼光，只知道追求短期利益的最大化，缺乏对市场需求的理智分析，最终导致产品生命周期短，快速退出市场。

格列卫作为一款治疗慢粒白血病的特效药，自进入中国市场以来，一直几近独占市场份额。在中国医药行业荆棘丛生中，格列卫的公司诺华制药凭借自己合理的市场规划与营销、不可替代的药效，占据了不小的市场份额。

在20世纪中后期，主流学术界将肿瘤诱因认定为病毒感染时，生物学家布莱恩将目光转向了生物遗传物质的改变。1993年，38岁的布莱恩，进入波特兰的俄勒冈卫生科学大学进行研究，在与同行的竞争研究中，逐渐开发出能有效抑制肿瘤的酶活性物质。辉瑞制药公司的生物化学家莱登得知后将其邀请到自己公司，资助其研究。但是，这个从科研转化到实际应用的过程并不一帆风顺，辉瑞制药则为其尽可能提供研发条件。二人坚持着在小鼠等动物身上进行更多实验，每周工作60~80小时。1997年，布莱恩做好了人体实验的准备，但公司却出于多种效益考虑甚至建议彻底抛弃这个项目。布莱恩经过自己的努力，汇总海量实验数据证明药品的可靠性与安全性，最终成功推动了该药的临床试验。越来越多的患者得知了该药的信息，其他的慢粒白血病患者也想加入临床试验，得到救命的机会。公司没有被短暂的利益所迷惑，严格地进行着规定的临床试验，确保药物的安全性。2001年，美国政府最终宣布，该药被命名为格列卫，将会用于慢粒白血病患者的治疗。

在产品引入期，为了增加客户对产品的信任度，以及打造格列卫在靶向药领域的品牌，公司进行了大量的临床试验，在110个国家得到了认证。临床试验为诺华的市场营销提供了基础，在格列卫引入中国市场阶段，格列卫公司进行了选择性营销，以便更好地投放产品。经过一系列的市场评估，最终决定通过高定价、高促销的方式开拓中国市场，以迅速提高药品知名度与品牌拥护度，超越潜在对手。随着格列卫成功引入中国市场，公司继续设计营销方案，助推药品在中国市场的成长期。一方面，采取提高产品质量的策略，降低前期的市场基础生产成本，将更多资金投入到药品生产质量的维护上，改进药品的制药形式，着力提高用户体验。例如针对患者普遍反映药品较苦的情况，将普通片剂改为胶囊型，又基于药品腐蚀性强的特性，对胶囊进行特殊处理。另一方面，格列卫公司改进宣传重点，对其可靠性、安全性、时效性等特点进行重点宣传。常用更大、更好、更强等标语来与其他产品进行区分，并借助患者口碑进行二次宣传、通过援助计划等手法提升自身形象与群众满意度，提升客户好感。

资料来源：陈毅鹏. 格列卫营销管理案例研究［D］. 厦门：厦门大学，2014.

案例分析题：
1. 格列卫公司作为一个成功创业团队拥有哪些优秀特点？
2. 格列卫公司在创业经营过程中有哪些做法值得我们学习？
3. 假设你了解了布莱恩、莱登两位科学家的科研成果，并且打算将其推广营利，你要怎么做？

提示： 可从两位科学家对人才的态度、宣传手段等方面入手，结合所学知识进行阐述。

2018年人民日报新媒体评选最受公众欢迎中国品牌榜。"三只松鼠"荣登最具潜力榜，专家认为，"三只松鼠"极有潜力成为"下一个国货领头羊"。

自2012年成立以来，"三只松鼠"用互联网技术和大数据推动了农业供给侧结构性改革，促进行业提质增效，用好吃的零食和欢乐的体验，不断满足人民群众日益增长的美好生活需要。作为新时代民营企业创新发展的重要代表，"三只松鼠"已成长为中国销售规模最大的零食品牌。"我们感恩于这个时代，唯有不断改革创新，才不辜负这个干事创业的好时代。""三只松鼠"创始人、CEO章燎原深有感触地说。

在"三只松鼠"快速发展的背后，章燎原和他团队的创业故事正是改革开放大时代下奋斗者们不懈创业创新创造的缩影和见证。

2012年"三只松鼠"股份有限公司刚成立的时候，5个普通年轻人租了一个民房创业，阵容看上去有些"寒酸"。谋于陋室，奠定了"三只松鼠"创新创业的底色。"在公司文化长廊上，悬挂着一张我们创业初期时的宿舍图片，它记录着创业起步时的艰辛，是全体'松鼠人'最宝贵的一笔财富。"郭广宇说。

创业公司的文化很大程度上是创始人的文化。章燎原及其团队的团结奋斗，为"三只松鼠"注入了干事创业的"精气神"，引领企业从小到大、从弱到强。2012年11月11日，"三只松鼠"首个"双十一"取得了766万元的销售额，创造了行业新纪录。火爆的销售却让"三只松鼠"遇到了发货危机。如果不能在约定时间发出包裹，天猫商铺将被强制关闭。

遭遇到创业以来最大的难关，怎么办？经过反复考虑，章燎原诚恳实在地发出公告，控制旗舰店销售量。同时，亲自加入发货队伍中，动员了全体员工，大家热情高涨地投入"发货之战"。"奋战了九天九夜，最终在11月19日发出了所有包裹。"回首当年事，章燎原记忆犹新。他告诉记者，7年来，"三只松鼠"筚路蓝缕、砥砺奋进，靠的正是这股能吃苦、肯奋斗的精神，逢山开路、遇水架桥，开拓出广阔市场。

讲正气、走正道、聚精会神办企业，"三只松鼠"走出了一条极具特色的民营企业发展之路。"一名党员就是一面旗帜。创立伊始，我们就高度重视非公党建和廉洁文化建设，为企业发展注入满满的正能量。"潘道伟告诉记者，目前，"三只松鼠"有党员200多名，被评为省级先进基层党组织，形成了具有特色的松鼠廉洁体系，带动了300多家供应商加入，并在2018年荣获了首届中国廉洁创新奖提名奖。

目前，"三只松鼠"员工平均年龄只有25岁。在这样一个年轻的公司里，忠于信仰、勇于改变、做新时代的奋斗者等理念已深入每一位员工心底。"这正是社会主义核心价值观与企业文化碰撞出的火花，是新时代年轻人爱国、奋斗的必然选择。"章燎原表示。

资料来源：网易，2019年，略有删减.

扫码观看视频

江南春：创业是一次次出生入死

观看江南春（分众传媒创始人）的创业过程视频可以发现，创业需要观察市场需求，及时创新变革，学会如何从服务便利角度入手、如何应对全国性经济危机、分析市场，从而实现长远规划，并构建合理的公司管理模式。另外视频中还提到有关融资、客户沟通、竞争方法等多方面的创业管理知识，同学们可以比较全面认识创业过程，学习怎样从领导的角度考虑组建有竞争力的创业团队。

第二章 组建团队

组建创业团队是创业者优势互补、提升抵御风险能力与市场竞争力的必然要求。以合理的结构组成创业团队，才能有效提高团队的效力。在团队的组建过程中，要注意权威构建和团队成员关系处理等问题，遵循共同目标、优势互补、持续学习三个原则。在建立团队时，挑选人才最重要的是注重优势互补，优秀的组织者要会全方位评估自己，寻找合适的人才与自己搭档组成创业团队。优秀的创业团队在组建初期应注意优秀品质的培养，在后期保持优良精神。

第一节 为什么要组建团队？

创业实质上是开拓一个新的商业领域，即创业者使用当下已经拥有、积累的资源或者在未来的发展规划中必然可以获得的资源，将它们投入市场发挥价值，通过对其价值的组合开发，以此创造新的自我价值与社会价值的过程，与市场紧密相连。创业归根结底仍是一种劳动方式，因此同样需要创业者具备综合的素质，并且对创业者的运营、技术、组织等能力都有一个较高的要求。精准的推理与判读的能力、稳定的随机应变能力等，都是市场自身的运营规律对创业者提出的要求与考验。我们认识中的市场可分为广义和狭义两种，狭义市场倾向于一种空间概念，仅仅指进行商品交换的场所和领域，而广义的市场是指容纳整个创业活动的全部阶段的一个宏观环境。创业者要想在残酷的市场竞争中创业成功，最重要的便是在市场站稳脚跟得以立足。组建一个合格的创业团队，优势互补、增强实力，是在市场中存活的最直接手段。

我们传统观念中讲的"创业者"，一方面可以指单打独斗的"个体户"，另一方面也可以指创业团队中的每一分子。一些国外研究表明，团队创业的绩效和成功率总体上要高于个体创业者。目前，国内外个人英雄主义式的单独创业越来越少，而通过或紧密或松散的团队方式创业则越来越普遍，成为创业市场的主流趋势。所以，研究团队创业具有更优先、更重要的价值。团队创业的好处是能够通过更多渠道探寻更加广泛的市场信息，从而获取更多有价值的信息、能力、创业资源，并以此分散创业者所承担的风险和压力焦虑；相较于单个的创业者，团队能更好地适应复杂的创业环境；就团队内部成员而言，可以优势互补，集合各个成员的各种能力和技能，相互取长补短。需要注意的是，组建创业团队也存在风险，假如个体之间产生利益冲突，繁多的成员反而会增加团队的协调工作量，增加摩擦内耗。因此，根据团队合作的好坏、团队成员组合的优劣程度，可能会出现 $1+1<2$、$1+1=2$、$1+1>2$ 三种不同的合作效果。

总之，不论是在资源整合方面，还是在其他有利于创业类企业成功立足市场或者是达到更好的发展方面，组成创业团队的创业模式相对于个人创业而言都有着无法比拟的优势。正如前文提到，面对创业活动的高风险与不可确定性，创业团队能更有效地进行资源整合以实现成员的优势互补与信息交流共享，适应瞬息万变的市场，更好地发挥自身对创新创业企业的绩效提升作用。

第二节　如何组建团队？

一、团队组建原则

（一）团队组建常见问题

创业者组建创业团队，是为了共担风险、共同奋斗，但在团队组建过程中也会存在一些常见问题与错误。本节通过选取一些问题进行分析，使创业者能够在组建自己的团队时有所规避，少走弯路。

1. 创业团队中唯一权威主管问题

虽然可能在组建团队前，大家的学识、能力、地位并无明显差别，但作为一个团队就必须有一个强势的决策者，当意见不合或面临存亡决策时做出理智选择。年轻气盛的创业者可能都会希望自己成为团队的主心骨。这个问题对团队决策制度的有效性提出了要求，作为初创团队的组建者，此时应该掌好团队的方向盘，合理制定人员配置。首先，决策者要有足够的学识与卓越的眼光，以专业的素养遴选人才、组建团队，使团队发挥应有本领；其次，在团队经营运作过程中，做好随时对员工关系进行协调的准备，使创业团队的融合度与整体水平不断提高。最重要的是，在团队组建之初，团队成员就应树立最终决策制度的意识。

2. 创业团队成员间的相互利益与相互信任问题

对于一个成熟的团队，成员间的互相信任显然是基础要求，但互相信任往往要经过长期的共事与互帮互助才能形成。在团队组建初期，如何使容易意气用事的莽撞创业者们在刚建立的团队中埋下互相信任的种子，从一开始便打造互相信任的氛围，是管理者必须首先考虑的问题。倘若团队刚组建，内部成员便各自心怀鬼胎、相互猜疑，那么个人素质再优秀的团队也走不远。更进一步，在信任基础上，自然而然延伸出利益的分配问题，为了避免"能共苦，不能同甘"的情况发生，团队在组建之初，便应该确定利益分配原则，使每个成员的参与贡献与所得始终成比例并能动态调整，随着公司发展调整股权配置。出现以上问题的症结，是缺乏系统可行的创业团队组建方法。组织者在建立团队成员间的相互信任时，要建立完善的监督机制，避免产生用错人的风险与因内部人员的某些错误行为造成严重后果。

3. 分歧与矛盾处理

创业团队成员倘若每个人都只局限于自己的美好构想，只知道维护自己的主张，又不愿意审视自己的不足、不愿意与他人交换意见，只会一味固执己见、争权夺利、逃避弱点，那任何人都很难找出团队的不足与问题。因此领导者必须注意培养成员们善于倾听与反思的习惯，并且在团队组建之初，要注重观察团队成员的沟通能力。要想从根本上化解创业团队组建后的内耗，就应该充分审视创业团队的成员能力和企业发展是否匹配。创业团队在组建之初主要是谋求企业站稳脚跟，因此在人才搭配上可能会有所不足，这就会为之后埋下隐患。

（二）团队组建原则

将成员所具有的不同技能、经验融合在一起，贯穿创业团队发展始终的全过程。在这个过程中，创业团队可能会遇到一些问题。例如：选择合作伙伴应关注哪些特质？完善团队和完善目标何者优先？应该如何维持团队的稳定运作？这些问题都是新时代创业团队在组建前需要思考的问题，在创业团队组建的过程中，应遵循以下三大原则。

1. 共同目标原则

牢固树立创业目标在每个团队成员心中的地位，是组建创业团队最首要最基本也最紧急的任务。要坚持团队中的每个成员在创业目标、创业理念上的基本一致，创业过程中的生产、经营、管理的每个环节必须由具备相关才能、知识的人负责。不是每一个人都能成为创业伙伴，不可贪图个人能力而强行与创业理念乃至价值观不合的人成为合作伙伴。只有组织者选择坚持相同理念的成员，组成的创业团队才是有共同基础和凝聚力的创业团队。创业的道路必然坎坷，只有整个团队信念坚定、目标一致，才能用较强的防御力顶住路上的艰难与挑战。

2. 优势互补原则

团队的组织者要时刻明白，建立创业团队的目的就是避免因个人在某一领域知识或能力的缺失而为团队工作带来困扰。因此组建团队之初应考虑建立掌握多方面知识、多领域覆盖的团队。不论是从事商品生产、产品销售还是科技研发类型的创业团队，都应该顾及在其工作范围内的每个领域每一环节所需要的知识、处理能力、实践能力。尽可能使招揽的成员做到能力互补，更大程度地提高团队的整体效能。值得注意的是，不同的人聚在一起工作，必然需要一个和谐良好的团队协作氛围。这个优良的团队氛围，除了领导者的努力营造外，也有赖于根据团队成员的性格特点进行相互补充与配合的工作分配，以实现更好的合作。在内外双重人员的选取与调配下，充分地调动团队成员的积极性，从而实现资源互补，激发每个人调动一切可利用资源、充分展现自身才干为团队创造价值的自觉性，通过共同努力，迈出团队成功的第一步。

3. 持续学习原则

在终身学习被大力倡导的当下，创业团队的组建也不是一蹴而就、一成不变的。管理、生产、经营等各环节是一个动态连续的过程。一方面，团队的管理者，要明白团队各个环节的分工分配是一个动态的过程，在完成了团队人员的初步组合后，公司开始起步运营，应该保持公司内部组织架构的动态性与开放性，时刻观察团队的发展需要与市场最新动态，向最新的团队管理案例学习，根据团队对于人才的新需求及时吸纳新的专业人才加入团队，助推团队适应时代新环境、新要求，向着更好的方向发展。宏观来说，创业团队的组建绝对不是一劳永逸的，要想团队永葆先进性，并一直走在创新的路上，管理者就必须发挥自身模范作用，引导团队学会终身学习，践行先进的管理理念、管理模式，应用高效的生产方式，灵活依靠国家最新政策。另一方面，团队的组织者即使以后要让位于专业的管理人士，自己退居二线，也应时刻保持组建团队之初那一份敏感。

二、团队需要什么？

（一）团队建设研究范例

组建一个创业团队，首先面临的问题是：团队需要什么？什么对于团队最关键？国际上对于创业团队组建问题的研究多数集中在创业团队的构成对团队绩效影响方面。对于初创团队而言，最有参考价值的应属异质同质的功效辨析。异质的观点认为，一个团队的成员只有当其阅历、能力、经验、知识类型、性格各异时，才能够相互补充，发挥额外的功效，有利于团队绩效提升；同质的观点认为，团队成员的价值观念、身份地位、个性越趋同，团队凝聚力也就越强，进而可以避免内耗，提高工作效率。克里斯托夫认为个人—组织匹配包括一致性匹配和互补性匹配两个维度（即另一种意义上的同质与异质）。研究表明，一致性对于团队的影响要大于互补性，但这并不能否认互补存在的意义；曾格和拉温斯的实验证明年龄差较小的团队更有利于沟通，进而提高公司业绩；威尔斯曼则发现团队内部成员的教育程度、家庭背景差异越大，反而越容易规避市场中的不确定性；耶恩和曼尼克斯测量团队氛围五维度（信任、公开讨论、尊重、同事和谐及凝聚力）……国际上对创业团队构建需要考虑的问题提供了一系列的参考与提示。

公司或企业从无到有，创业团队都会全程伴它左右，在最初挑选人才与事后补充人才的过程中，不论是同质还是异质，都有其正面影响。管理者发挥团队功效，关键在于团队用什么样的人，怎样用人。在用人方面没有绝对的完美，只有相对合理。用对的人做对的事，人尽其才才是团队组建的要诀。

（二）初创团队——寻找人才得立身之本

（1）明确自己需要的人才。在组建团队之初，组织者应该已经对一个团队将从事什么样的行业有了初步的构思，具体的经营方案可以与策划团队共同撰写，但管理者应该独立分析市场行情，寻找需要的相关人才，从管理、经营、专业知识提供等多个方面着手，列出详细的清单，为接下来的成员招揽做好准备。

（2）了解成员。团队成员招募组建伊始，大家彼此还不够了解，除了面试时所展示的个人能力以外，管理者对团队成员每个人的性格、全方位办事能力等都还没有深度了解。这时需要管理者将自己融入新组建的团队中去，与每个团队成员热情交流，深入了解每个成员情况。只有对每个人都充分了解，才能更好地尽其才能。

（3）合适的人放在合适的岗位。了解过团队成员的各项情况，便来到了人才的配置环节，在创业团队的人员配置中，要遵从上文提及的一些团队建设研究成果，在保障专业对口的前提下，注意员工的差异性组合，如典型的老带新、新促老、性急和沉稳的人组合，实现岗位与团队成员的能力高度匹配，成员之间优势、性格、条件互补。

（4）把个人的梦想转化为大家的梦想。如果说人事安排与制度管理影响着团队的硬实力，那理想信念与团队精神建设便着力提升团队的软实力。创业团队组建初期，可能虽然创业者们怀揣着类似的创业目标，但往往由于没有具体的策划而较为模糊，从而降低了对成员的激励作用。这就要求管理者要有所作为，明确自身高昂的斗志与干劲，明确自己的梦想。然后，将这份热情转化为战斗力。通过一系列如激励制度、高效沟通等手段，拉近团队成员之间距离，令团队成员坚定目标，将原本单纯模糊的"我要创业"的想法具体化，最终促使团队成员能够怀揣共同的梦想，共同拼搏奋斗。

（5）团队初建不要"四处放火"。此处有两个含义。第一个含义指，对于团队本身而言，虽说扩充团队规模吸纳人才既能推动团队能力的提升又能通过扩大团队规模提高抵御风险的能力，但对于初创团队，规模小也是其优势所在，不要盲目吸纳新的成员，造成人员臃肿而没有实际效力。第二个含义是指团队的创业方向，初创团队的能力与精力有限，最好先将团队精力投掷于其主营行业，等有所小成、企业正常运作后再去拓宽经营范围、开拓副业也不迟。

（三）人才选用——你的团队你做主

想做好团队组建与人才管理，管理者需要明白公司需要哪些人才，怎样的人员配置能让团队各司其职，以最好的状态开展工作。

（1）聘任之初，挑选出最需要的人才。组建创业团队中，可能会存在应聘人数超过预期的情况，此时需要保持清醒的认知，明白自己一开始打算要的是什么样的人才，不要在面试时轻易被一些面试技巧迷惑而使自己忘记了原本要挑选的目标。只要一开始已对需要的人才做好规划，在选择时便能游刃有余。

(2) 选择价值观相似的人。团队成员价值观相投,是一个反复强调与提及的问题。成员不一定要最优秀的,但一定要与自己合拍,否则在将来与团队合作中很难不出分歧。只有保持了相同的价值观,才能一起面对创业中的困难,不至于企业轻易分崩离析。

(3) 辨识具备"专注力+好奇心"的人。专注与好奇,对于一个创业团队而言可谓最珍贵的两大品质。专注可以让员工全身心投入事业,即使专业能力暂时欠缺,专注也迟早会弥补不足。好奇心则是开阔新视野、新领域的钥匙,对世界永远保持好奇心,敢尝试、爱探索,创业团队便永远不会被时代抛弃。

三、组织者的个人分析

创业者组建创业团队,选择创业伙伴,实则是一个双向的选择,挑选团队成员的过程也是团队成员选择管理者的过程,因此创业者对自己进行审视与评估是组建创业团队的一大前提。

(一) 人格分析——你处于人格五个维度的什么位置?

大量研究表明人的五个人格维度对其行为乃至创业成功与否会有巨大的影响。为了评估自己的人格维度,采取改进措施,以适应创业团队的发展,可以让一个对你比较熟悉的人通过表2-1对你进行评价打分,7分最高,1分最低。

个人特性的五个维度,在很多情况下与个人、企业发展息息相关。创业者的尽职性越高,他们的新企业生存壮大的可能性就越大;创业者的情绪稳定性越持久,他们创造的平均绩效往往越好。所有维度都和工作绩效有着千丝万缕的关联,只是关联形式特殊而多样。总体上看,团队成员在尽职性、友好性、内向性和情绪稳定性等方面的平均得分越高,团队绩效则越好。值得一提的是,我们发现两个维度——经历开放性和尽职性,与创造力相关,经历开放性会推动这种行为,而尽职性会减少这种行为。可见,在参与创业前充分审视自己的特性,是很有必要的。

表2-1 个人特性的五个维度

维度	相关问题
尽职性	可信赖的程度; 对工作熟练和有条理度; 完成工作认真度
外向性/内向性	容易兴奋的程度; 乐意结识新朋友的程度; 令人愉快和友好的程度
友好性	别人对你的信任程度; 对别人的友好程度; 与人合作的程度

续上表

维度	相关问题
情绪稳定性	担忧的程度； 情绪激动的频率； 自信和安全可靠的程度
经历开放性	喜欢变革的程度； 好奇心程度

（二）自我评价

一个企业管理者对自己的创业与管理能力同样需要有一个初步的自我评判。下面请你按照对自己的认识进行评估打分，5分最高，1分最低。

（1）你与创新企业相关的经验。
（2）你与创新企业相关的技术知识。
（3）人际能力（与人相处、劝说他人等方面有用的技能）。
（4）成就的动机。
（5）对新创企业的承诺。
（6）适合做一个创业者的个人属性。
（7）不适合做一个创业者的个人属性。

综合考虑前面的等级评价和你对自己的评估，分析自己存在的不足，确定创业团队需要哪些人才对你进行配合补充。例如，如果你在科学技术方面的能力有所欠缺，挑选的成员在这方面就应该有所侧重。

（三）测试是否擅长社会感知

你能够准确地评价他人吗？在挑选创业伙伴前，确认自己的这一能力至关重要。为了回答这一问题，请指出下列每一项陈述正确或者错误的程度。根本不正确1分，不正确2分，既不正确也不错误3分，正确4分，十分正确5分。

（1）我能够很容易地发现别人什么时候在说谎。
（2）我能够推测其他人的真实感受。
（3）我能够感觉他们试图对我隐瞒的话。
（4）我能够识别出他们的弱点。
（5）我是其他人的一位好裁判。
（6）我通常能够通过观察他人的行为，准确地识别出他人特点。
（7）我能够判断出人们为什么会以多数情况下采取的方式来做事。

把你的答案得分相加，如果得分等于或高于20分，那你可以把自己确认为是擅长社会感知的人。为了进一步证明这一结论是否正确，你可以对自己很熟悉的人做同样的评价，将这些题目变为你是……，如果他们的评价印象一致，那就要恭喜你了，你不仅善于评价自己，而且还善于评价他人，已经具备了担任一个组织者的初步素养。

四、团队组织的一般步骤

一个管理者初步了解了团队组建的原则和要求，且已经对自己的能力人格有了基本的评价，接下来，可以了解团队组建的一般步骤。在组建团队前，你需要清楚地知晓优秀团队的理念，懂得一个创业机会的具体要求，能够实际寻找人才并组建团队。管理者通过一段时间的观察审视，挑选足以起到带头作用的团队成员重点培养。另外要清楚的是，在初创阶段，组织者往往需要身兼数职，随着团队的发展，再根据实践过程中出现的新情况与团队表现出的不足补充其他团队成员。在实际操作中，队员的责任与功能可能会出现重叠和交叉，这种现象在小型创业团队中尤为突出，不一定会造成不良影响，不必过分在意。

（一）自我评估

组织者进行详细的自我评估，选择与自己的知识、技能、阅历等方面具有互补性的团队成员，进行团队组合（这里对自身具体技能的评估与之前的人格评估有所区分）。主要侧重于以下五方面。

（1）基础知识。综合所接受的教育以及相关经验，可以表明你知道什么和不知道什么，以及需要从其他团队成员包括潜在的合作者中得到什么。

（2）专业能力。每个人都或多或少具备属于自己完成某项任务的能力，创业者应当去深度理解、挖掘、体会，并详细列举出自身技能，将此作为创始企业的法宝。

（3）动机。主动思考为什么要创立新的企业，以此来评判你和你所想招募的队员们之间的动机差异，判断是否可以合作，排除潜在的分裂隐患。

（4）承诺。很大程度上反映了你承办企业的决心与面对困难打击时的毅力，能否履行对团队的承诺，永不放弃地带着团队走下去。

（5）个人特性。参考表2-1。

（二）寻找合适且优秀的创业伙伴

寻找优秀的创业伙伴，是组建创业团队中主要且工作量大的一环。花费大量时间完成这项工作是绝对值得的，因为错误的选择会对团队的发展产生毁灭性的后果。"社会感知"可以帮助创业者认识并理解其他人，有证据表明善于社会感知的创业者更加容易获得市场的成功。当然，拥有完全准确的社会感知，客观评价感受他人是很难完全实现的，因为你观察到的现象已经是被观察者经过加工的，无法得知是不是他下意识的反应。为了能够透过现象看本质，不被错误的感知误导，管理者必须学会处理印象管理和欺骗管理。

（1）印象管理。站在团队加入者的视角来看，他在面试时的表现，自然是为了提高招聘者的第一印象，以让自己可以进入团队工作，因此会自然地表现出更好的状态与举止,这期间招聘者就会不自主地受到印象管理的影响。对方使用包括语言、动作、心理暗示等手段,试图给你留下好的印象。这便要求招聘者需要拥有足够高的洞察能力。

(2)欺骗管理。欺骗行为,特别是损人利己的谋私行为是绝对不正确、应当被批判的。团队的组织者要拥有识破谎言的基本能力,通过判断招聘者面部、身体以及说话语气的细微变化,结合自己的经验和阅历,及时自主感知,以避免受蒙骗带来某些灾难性后果。对于创业团队的管理者而言,最常见的骗局就是成员夸大自己的能力,获得与自己能力不匹配的职位;或者虚假分析市场,盲目客观将企业引向歧途。

(三)组建过程中需要注意的问题

在组建创业团队的过程中,还应该注意以下三个问题。

(1)组建团队时,如果找不到合适的人担任某个关键位置,可能会导致创业方向的整体偏移。例如,研发型企业中缺乏掌握某一项关键技术的人员,会导致这个产品的部分设定无法进入市场。

(2)创业团队的组建永远是一个动态过程,不是一次性就能组建完成的。创业团队要实时根据当下所需要的特殊技能、知识、工作进行人才的补充和调整。

(3)坚持独立自主、自力更生,不要让自己团队成为其他企业的附庸,否则最终只会使自己团队一点点被蚕食。

五、满足团队成员需求

组建创业团队时,需要充分尊重每个成员的积极性。在新时代下,根据马斯洛需求理论相关内容,团队组织者在组建团队时就要考虑到成员相关需求的满足,以增强团队凝聚力。

(一)马斯洛需求理论概述

马斯洛需求理论是行为科学的理论之一,由美国心理学家亚伯拉罕·马斯洛于1943年在《人类激励理论》一文中提出,将人类需求按层次分为5种,分别是:①生理需求,主要是指维持生存所必需的最基本需求,例如水、食物等。②安全需求,可以理解为人身安全、健康保障、财产安全、工作等。③爱与归属需求,指人与人之间的情感联系,通过情感沟通,得到爱与归属感。④尊重需求,涵盖了自我尊重和被他人尊重,通过得到尊重获得信心和成就。⑤自我实现需求,为最高层次的需求,往往表现为要求实现个人理想与抱负,在团队工作中能最大程度发挥个人能力实现个人价值。

马斯洛的需求理论为人的价值实现提供了基础的理论支撑,在创业团队的组建中,团队成员是创业成功的核心,管理者在组建团队之初需要充分评估团队成员需求,尽早建立能够满足成员需求的相关机制,增进团队凝聚力与创造力。

（二）创业团队成员需求分析

1. 生活需求

创业者参与创业，绝大多数的直接目的便是获得收益，提高自己的经济收入。在创业团队建立初期，创业者采取集资等手段汇集资金，往往会将有限的资源全部投入到企业的发展中。然而，一般的创业项目都要经历产品的研发、改进、推广的漫长资金回报周期，倘若创业者没有其他的收入来源，团队整体又没有科学的资金分配方案，就会导致创业团队成员可能无法承担基本的日常生活开销，以致团队成员迫于家庭、生活压力选择离开团队。因此，合理解决"生活需求"是管理者最基本也是最优先要考虑的问题。

2. 团队需求

团队需求，可以理解为创业者对于整个创业团队的安全感和归属感的追求。对于每一个创业者而言，选择创业即放弃了安稳的就业机会，以及可能面临长期入不敷出的生活困境，这种高昂的机会成本可能会令很多家庭对于家人创业是持反对态度的。这种反对态度随着创业者当下社会地位与受教育程度的提升而正向提升，创业意味着从零开始，其家人往往会因其之前的教育与事业投入而大力劝阻。同时，复杂的市场环境随时可能会给创业者带来打击，因此，团队成员的凝聚力便凸显出作用，团队成员不做大难临头各自飞的"同林鸟"，而能彼此相互鼓励、紧密联系来顶住创业过程中来自内外部的压力，从而保障成员的归属感，提高团队的抗压能力。

3. 认可需求

创业团队成员在创业初期常经受家庭与社会的内外双重压力，处于一个极易出现自我怀疑的状态。被认可自然便成为他们的首位心理需求。一方面被家庭、市场、社会大众所认可，另一方面是创业者的自我认可，如果他们切实感受到自己创造了价值，则会因而感到满足与骄傲。在分析创业团队成员的需求时，我们可以将尊重需求与自我实现需求有机统一，归纳为一个"认可需求"。被团队认可、被家庭认可、被社会认可、被自我认可，通过一系列认可的过程，一方面完成创业梦想，另一方面实现自我价值。管理者全力满足团队成员的认可需求，能为团队提供不竭的动力。一方面落实激励机制，认真审视团队成员的每一份贡献，及时予以反馈和激励；另一方面发挥人性化的管理，对团队成员采取鼓励式培养，为其营造获得感和团队参与感。

（三）满足需求的管理建设

管理者在组建团队的现实情况中，需要考虑解决团队成员的三层需求，如果遇到一些新情况、新问题，则可以遵循以下基本原则与手段，处理好团队成员需求的解决。

1. 团队文化

创业团队的文化建设，着眼于团队凝聚力和全体成员积极性两方面，主要致力于团队需求乃至认可需求的解决。培养团队凝聚力，管理者需要深度了解每个成员的特点，基于现代创业者普遍年轻有活力、对新事物的喜爱度高、与工作伙伴玩得开等特点，管理者可以量身设计出适合本团队的一些活动，活动目的一方面是锻炼团队成员的协作能力以促进工作中的凝聚力，为良好的团队文化打下基础。另一方面，新颖趣味的团建活动有助于塑造团队成员的创造力、提高工作效率与创新积极性。最重要的是，团队文化再怎么新颖多样，也不能忘记始终以"人"为核心的思想，只有将团队成员本身放在核心位置，时刻关注人、关爱人、尊重人、发展人，才能传递团队的温暖，保障组建起来的创业团队有足够的稳定性。

2. 制度建设

团队需求的满足依靠于人的主动参与，但也离不开制度的支撑。制度分为硬制度与软制度。硬制度主要为成员的行为准则、绩效评估与赏罚、利益分配制度等，硬制度构建的是底线与框架，也可以成为每个人的"生活需求"的保证，只有在制度的规范下，"分蛋糕"时才不会分配不均与产生矛盾。软制度即内部沟通协作的机制，建立有效的团队沟通，也是增进团队凝聚力与内部团结的要求，帮助团队成员消除内部交流时的障碍，能使成员在情感上达成共识，更好地满足"团队需求"、产生激励作用。除此之外，在团队建设中通过有效沟通，形成统一的价值观，团队的后续发展能够更加有后劲与向心力。

3. 个性化建设

一个开明的领导者，绝对是尊重差异、鼓励个性化的；同样，一个优秀的团队，应当是个性鲜明、兼容并包的。团队致力于个性化建设，鼓励挖掘每个成员的个人价值，张扬个性，让员工感到获得最大的尊重以满足"认可需求"，这是充分发挥团队成员个人强项、实现优势互补的前提。除此之外，个性化建设也是人性化的体现，只有更大限度地挖掘每个成员的个性需求，并使之与团队发展目标有机结合，才能在满足个性需求的同时推动创业团队的发展。当员工的工作拥有了充分的自主权，配合以合理的激励政策，员工自然会提高工作效率与工作奉献。同时应注意，激励需讲究及时性、公开性，让每个成员都能充分感受到来自团队的信任和尊重。

六、优秀的创业团队

一个优秀的创业团队，在基本遵循构成体系的前提下，应具有如互补性、凝聚力（团队精神）、长远目标与团队利益、彼此不较真等理念。

（1）互补性。团队成员在理想信念上要志同道合，以此维持团队稳定、不轻易崩解，在分工能力上要尽可能各异，整合成员不同的社会资源、专业素养、社会阅历。成员存在差异性，这样有利于促进资源整合，发挥最大化优势。

（2）凝聚力。凝聚力也可解释为团队文化中的团队精神。一个创业团队的成功依赖于每个团队成员的共同努力，成员将企业的未来作为自己的奋斗目标，同时也能使自己从中收获能力与阅历，任何成员离开团队都难以独立完成工作，个人利益很难实现；同时任何个人损失也将直接影响到团队的成长，只有将团队理念从一开始便根植于每个成员的价值观念中，才能培养出一个优秀的创业团队。优秀的企业能够通过激发员工的凝聚力，优化工作中的相互配合，减轻员工的负担。

（3）长远目标与团队利益。一个优秀、敬业的创业团队，员工会为了企业的远大目标而努力，不做一日千里的白日梦。一方面，任何新事物的发展壮大都要经历一番挑战与磨砺，创业团队从无到有，是一场漫长的拉锯战，很少能在短期内见到收益，这更需要团队成员坚定信念，不因为短时的困难而放弃。另一方面，企业最终获得的收益才是衡量创业成功的标准，整个企业的团队利益才是创业团队的奋斗目标，不是个人的待遇与薪水。马云苦心十余载，团队成员不计个人当下小利，才换来阿里帝国的稳固根基。创业成员不应将心思花在怎么给自己分蛋糕上，而应该努力创造价值，把蛋糕做大，这才是使每个人都分得到利润的治本之策。

（4）彼此不较真。创业团队的分配手段可以多样化，通过股权激励、绩效薪资等手段体现多劳多得，但个人贡献的大小在创业团队密切的分工合作中很难准确量化，因此个人的不满往往在所难免，这更要求每个成员尽可能着眼长远，不斤斤计较，否则团队很容易爆发危机甚至解散。

> **案例故事**
>
> 东华大学开展了名为"纺织之光"的教育教学成果展示活动，五位同学在学校的帮助下，力求解决教学与社会脱节问题，将全真的创业流程引入校园。同学们自行组建团队，分配工作，撰写策划实战经营。走进东华大学校园内的校园咖啡馆可以看到，咖啡馆的全部工作流程都由学生亲自参与经营，从进货到销售全过程自主操作。标准化的外带纸杯、咖啡的专业口感，都令人对这个教学项目有了更为立体化的认知和感受。东华大学尝试创新帮助学生解决创业难题，经过一番角逐，校园咖啡的创业团队拔得头筹，格外出彩。
>
> 资料来源：易芳. 从一杯校园咖啡说起：东华大学"校企合一、知行合一、五位一体培养现代纺织服装产业创新创业人才"项目［J］. 中国纺织，2016（5）：37.

第三节　团队组建后如何分工？

一、团队品质优化

创业团队组建完成后，有五个需要贯穿于团队分工与后期工作的基本方面，即明确发展目标、建立并完善管理制度、提高团队竞争力、注重团队成员的沟通能力、风险评估等方面。完善团队整体的创业品格，是提升全体成员向心力、工作能力的基础，在团队建设之初，尤其需要注重。

（一）明确发展目标

在团队建设之初，初次创业者，往往会一腔热血占据头脑，只想着开创事业、奋斗出一片天地，若经验不足、调研不够充分，很可能对团队目标认识模糊。只有确立了明确的奋斗目标，才能最大限度地激发每个成员的干劲，让每个成员的才能都得以发挥。同样，有了这一份共同的目标信念，在团队遭遇困难时才能更团结一心、共克时艰。可见，制定创业团队的奋斗目标有着物质与心理上的双重作用，在目标的指引下，怀揣共同理想的创业者可以团结一心，充分实现个人价值，并进一步强化团队成员的动力，最终实现团队的可持续发展。在确定团队发展目标前，一方面要考虑团队成员的专业能力与兴趣爱好，以便保证成员的全身心投入；另一方面，要经过严格的考察确保目标符合实际、满足市场的需求，自身创业目标有市场竞争力与发展前景。另外要注意认真审阅与预判国家相关政策，优先寻找政策支持培育的领域发展，不要和政策导向背道而驰。

需要注意的是，在传统的企业模式中，团队目标的制定往往是单方面的，由少数决策者负责制定，以传统的经济人假设为前提，缺乏双向的交互与反馈机制，缺乏有效的人性管理因素与激励，不能再适应创业团队的新形势。

在新的创业团队中，应该根据需要创新目标制定策略，采取适用于创业者的目标确定方法，在纯"经济人"假设的前提下，结合"社会人"的管理理念，提升团队的相应程度。

（1）组织者制定的团队目标与团队成员的实际目标之间有可能无法完全吻合，从某种意义上讲，这构成了哲学上的一对矛盾，但客观上会存在一个博弈平衡点，把握好这个利益的平衡点，是保证团队齐心的前提。在此基础上，通过设置滚动式与区间式的目标，切实提升每一步的规划性与目的性。

（2）建立良好的信息沟通渠道，以减少公司内部的信息不对称，是优化目标设立的有效方法。保障决策者全面掌握团队成员的生产能力、经营成本、个人素质等信息，才能够令组织者在较短的团队建设周期内尽可能充分了解员工潜力，制定更高效的人力资源配置方案。因此，在团队建设中，组织者既要对成员的个人素质有充分认识，也要在团队内树立一定的权威，在团队内部做到情与理的交融共存，构建上下同心的奋斗环境。

（3）建立团队目标管理指标体系，是贯穿团队目标明确、保持、实现全过程的保证。用系统优化的思维考虑团队目标管理的指标体系，目标的制定与贯彻一开始就顾及宏观与微观、定性与定量、物质与精神等方面，使团队目标确定完整地树立在相应的执行和考核的指标体系之上，这样才能真正使得团队的目标管理成熟、稳定。

（二）建立并完善管理制度

管理制度是创业团队保持生命力与竞争力完善的基石。只有在一定的规矩限制下，团队的操作能力、办事习惯、工作作风才有保障。首先，对于每个团队成员来讲，维护与自觉遵守制度是个人义务，即使是管理者自己或大股东也不例外，不可因个人原因而任性破坏集体利益。其次，在责任分工上要做到各司其职，合理分配人手以避免出现冗员现象。最后，团队的日常管理与经营者的选择要考虑领导才能和公众信服力等综合素质，保障团队主心骨的核心作用不变质。

完善的管理制度不可忽视人事的相关机制，如在团队内部成员中，要有合理的晋升制度，一方面在团队建设初期每个人的能力与长处可能无法完全展现，这就要求在创业运营中要进行实时评估与分工调整，避免出现能不配位的现象；另一方面，创业团队会不断吸纳新生人才，对于新人才要积极评估其价值，以开放的态度接纳其为团队工作，严厉杜绝创业团队中的倚老卖老现象，避免团队逐渐固化丧失活力。尤其需要重视的是，为防止优秀人才的流失，对上层领导还要设立一定的监督组织，防止出现内部成员极化现象。创业团队的团结依靠管理者的个人魅力与团队氛围，更依靠严谨的制度。一些刚起步的创业团队，有时会在这方面走入误区，觉得大家既然怀揣同样的梦想、足够志同道合，过分地强调制度的作用只会使团队变得冰冷没有人性，认为制度的松懈并不会造成太大的影响，但正是由于没有明确的制度约束与最终裁决，导致大家各干各的，会让团队失去了明确的凝聚力、执行力。

（三）提高团队竞争力

要想在市场中闯出一席之地，就要打造自己的核心竞争力。适者生存，不适者淘汰。当下市场竞争日趋激烈，绝大部分创业者都接受过高等教育，拥有较高的学历与一技之长，都具有高亢的创业激情，应该如何将这些普遍因素转化为优势，让自己的团队别具一格，这就要求管理者要充分了解团队的每个成员，通过总结归纳团队的整体优势与劣势，学会暂时扬长避短，向优秀企业学习。在公司起步以后，通过不断学习，发展优势，拓宽优势。

（四）注重团队成员的沟通能力

创业团队成员之间的有效沟通，是团队能力提升的关键。一方面，有效的沟通是挖掘成员潜力的重要方式，高效沟通可以促进管理者与团队成员之间的相互了解，充分利用他人优势克服自身短板、相互学习，提高团队效益的同时也有利于个人的发展。另一方面，团队成员内部的真情沟通，可以增强成员对团队的向心力与认同感，促进彼此交流，做到"心往一处使"，推动创业团队的良性发展。在当下主流的企业沟通模式中，还存在着大量已经不适于创业团队使用的传统沟通模式。如沟通存在明显的阶级性，将沟通简单归为上级对下级的绩效评估与命令，不给员工主动交流的机会，很难做到信息共享，这样的交流不仅无法增进团队成员积极性，还会降低工作效率，导致团队氛围的隔阂与冷漠，难以挖掘每个人的才能与潜力，尤其是在共同白手起家的创业团队中，更容易造成团队的分崩离析。沟通方式单一也是当下团队沟通存在的问题，大量团队只采取冷冰冰的开会、发公文等形式进行沟通，使信息交换流于形式，不论管理者还是成员都难以投入真情实感，完全没有任何实际价值。

想要切实地优化团队沟通模式,可以从以下两个方面入手。

(1) 培育新的人文理念,倡导以人为本。管理者要做到从"员工为企业创造财富"到"优秀员工本身就是企业财富"的观念转变。管理者只有站在员工的立场上思考,充分尊重每个员工的想法,充分保障员工团队建设的参与感,才能取得更好的沟通效果。

(2) 打造良好的沟通氛围,鼓励成员主动积极沟通。即使团队成员之间存在着竞争的关系,但都共同服务于创业团队的建设。因此管理者处理团队沟通问题时,应注重沟通氛围的营造,例如通过打造企业文化,促使员工彼此信任、相互帮助,达到提升团队凝聚力的目的。营造包容的内部沟通氛围,管理者要充分接纳意见,鼓励员工为团队大胆地建言献策。团队的管理者应该给予团队伙伴以充分的信任,从而搭建起双向沟通的桥梁。团队成员只有在沟通中充分建立信任,才会积极配合工作。

(五) 风险评估

任何创业项目都是风险与收益并存的,在成功组建创业团队,准备着手运营项目之前,一定要再次带领团队共同进行系统的风险评估。除了传统的一般企业风险因素(如项目选择太盲目、创业缺乏技能、资金中断等)影响,在当下"大众创业,万众创新"的呼声日渐高昂的情况下,很多并不具备很强实践能力的创业团队(以大学生群体居多)盲目跟风资本流向,自身阅历不足,这些因素都潜藏着危害团队创业成功的隐患。

除了上述因素,在科技作为生产力井喷发展的当下,现今创业团队的风险评估应着力聚焦于以下两点。

(1) 技术创新缺乏核心竞争力。主要表现为缺乏原创性、新颖性。该问题在初创企业身上更为直观。纵观诸多案例,社科院发布的《法治蓝皮书(2017)》指出,2012 年至 2014 年,国内审核通过的专利数量达到 278.8 万件,但是签订专利许可的仅为 5.6 万件,占专利授权比例的 2%,说明专利的创新程度不足、核心竞争力不足。管理者和团队成员需要认真审视,本团队的创业项目究竟是不是一个"伪创新"。在鼓励创新的大环境下,申请专利、创新项目变得火热且难度下降,但应该审视我们的创新是否真的可以转化为核心技术与企业竞争力,不可被自己蒙蔽了双眼。

(2) 技术应用缺乏差异化竞争。主要表现为创业项目的同质化,近些年随着创业风波的兴起变得尤为突出。不少创业团队苦于没有自己的创业新意,将眼光转向观察市场,或盲目跟风或能力所限,只是随着资本的走向确立公司的项目。此类投资创业在初期可能由于大势所趋和市场尚未饱和而有利可图,但管理者必须做好更长远的规划,谨记当下的经营只是为了团队积累资金,不是团队的最终发展形态。居安思危,借助所得资金进行差异化转型,建立独特的竞争优势,才能有效规避市场风险。

最后,虽然反复提及风险的评估与防范,但作为创业者,绝对不能太过于保守。管理者在运营团队时,不可避免会遇到各种各样的问题,假如解决问题一味保守处理,只会走向衰落。合格的管理者需要在关键时刻大胆决策,拥有为团队开辟生机的魄力。

二、团队建设的演变

(一) 创业团队的建设阶段

建设一个职能完善的创业团队，往往很难一步到位，管理者可以着眼于当下，按需逐渐扩充队伍。通常可以分为六个阶段：①形成阶段。初步敲定了自己团队的内部框架，团队与外界市场有了初步基本的联系与交换。②规范阶段。在团队内部展开信息交流与更明确的职责划分，为团队成长为合格规范的企业奠基。③震荡阶段。团队历经一段时间运作，一些初次考虑不周的问题得以暴露，管理者及时解决问题，优化人员设置。④凝聚阶段。团队成员经历共同的艰苦奋斗，逐渐形成特有的团队精神。⑤收获阶段。团队的物质和精神状态基本达到最优状态，此时团队可以全身心致力于市场创收。⑥调整阶段。随着团队的不断壮大，对团队的定期规范教育必不可少。

(二) 创业团队向高层管理团队的演进

随着团队的成长，公司逐渐成熟壮大，部分初创团队成员选择脱离团队，有的是积累了能力和人脉后选择单干自主创业，有的是因为年龄或身体原因难以维系团队工作不得不离开，这都是团队成长中不可避免的。即使初创成员没有离开，创业团队面临企业壮大后新的运营需要，也要重新招纳人员，组织新的高层管理团队。随着企业的不断扩大，企业经营越来越社会化，想要复刻创业团队刚开始时的精神与文化愈发艰难。但是管理者务必注重创业团队创业精神的传承，这样即使高层管理者经过几番更新迭代，企业仍能保持初心。创业团队的创业精神，其传承有三个可能的结果：强化、维持和退化。见表2-2。

表2-2 创业团队创业精神强化与退化

项目	创业团队创业精神强化	创业团队创业精神退化
对待风险的态度	创业团队的成功源于风险承担	创业团队的成功源于对风险的回避
预期与成效的关系	创业预期超过创业成效	创业成效超过创业预期
功能和形式的关系	团队功能重于团队形式	团队形式胜于团队功能
对待问题的态度	视问题为机会	视机会为问题
创业关注的重点	创业行为的原因和内容	做事的方式和过去是完全一样的
团队与企业的关系	创业团队驱使企业发展	企业驱使创业团队发展
创业团队作用方式	团队协作与积极的组织承诺	由群体思维陷阱所引发的组织惯性，心理契约关系破裂所引发的违背性行为
对创新的支持	支持创业团队的价值创造	政治上的小动作，左右创业决策

(三) 组织结构的优化升级

创业团队历经发展了内外部环境的变化后，不可避免需要面对团队精神与团队结构的双重变迁。一方面，管理者要坚守创业本心，珍惜从创业初期逐渐缔造的优秀团队精神，时光可以变迁，曾经的精神永不褪色；另一方面，积极应对团队的人事变动，趁机推动高层人员优化组合。

复习思考题：
1. 结合所学知识与你的理解谈一下为什么要组建创业团队。
2. 组建创业团队需要注意哪些问题以及坚持哪些原则？
3. 结合马斯洛需求理论谈一谈组建团队时在满足团队成员需求方面要注意的问题。
4. 简单阐述优秀创业团队的特点以及应该如何促进团队品质的优化。

柳传志的创业史

1984 年，柳传志申请成立了北京计算机新技术发展公司（联想集团前身），在近 40 年的商海波涛起伏的生涯中，他以自己企业家的战略穿透力，把当初的"小公司"带成了知名"大企业"，将联想产品输出到了全球。

改革开放以来，社会创新创造的氛围日渐浓郁。到了 1987 年，时任中国科学院院长柳传志曾表示，"对我们来说，价值创造永远是最根本的。你只要是好企业，价值不断创造，金子才会永远发光，这是我们坚定不移的一个信念"。联想"教父"柳传志提出了一个"一院两制"的号召，即一部分科研人员做基础研究；另外一部分出来办企业，把科研成果转化为产品。在此之前，一些具有时代敏锐性的人早已开始了行动。1984 年的一天，柳传志揣着中科院给的 20 万元启动资金，在位于中科院计算机所内一间不足 20 平方米的传达室内，召集了一批志同道合的伙伴，开始了联想的创业之路。由于在创业之前，柳传志就已经在 IT 领域耕耘了许久，因此，公司开起来以后，他的创业自然与技术性产品相关联。回忆起这一段历史，柳传志说："公司成立不久，我们就有了一款自己的产品叫作联想式汉字系统，当时的电脑是没有汉字的，插上汉字系统之后电脑就有了汉字。我们凭借这个汉字系统作武器开始做代理，在过程中我们积累了资金，同时更懂得了怎么去办企业。"通过把技术转化成市场所需的产品，挖掘到第一桶金的柳传志逐渐把创业的主攻方向锁定在了 IT 行业。因此，一直到 20 世纪 90 年代初，联想基本专注于 IT 领域，很少涉足其他跨界的行业。然而，市场是不断变化的，光靠一招鲜，想打遍天下无敌手，其困难可想而知。所以，只有先声夺人，出奇制胜，不断创造新的体制、新的产品、新的市场和压倒竞争对手的新形势，企业才能立于不败之地。柳传志下定决心要实现突破，不仅要在技术上提升，更要生产出自己品牌的电脑。他表示："如果在当时我们的代理继续往大的做，可能会赚很多的钱，但到了90年代之后，这个企业就会灭亡。所以当时我们的决心和突破，今天看来是非常重要的。"对于做自主品牌电脑的这件事，柳传志曾表示，当时联想代理的电脑叫作AST，在当时是中国最大的电脑品牌，比IBM还要大，但它在美国其实是一家很小的公司。"如果我们做自己品牌的话，AST公司还肯不肯让我们继续做它的代理，这个非常重要。因为我们也怕一脚踩空，自己的电脑品牌做不起来，那边做代理人家又不让走，后来经过很多次的研究、一些谈判方法和技巧等等，最后我们继续做它们的代理，同时又做了自己的品牌。"要树立自己的牌子，这一直是柳传志矢志不渝的追求和理想，并伴随联想的不断壮大而逐步变成了现实。到2000年左右，联想的电脑业务已经稳居中国第一位，占市场的30%左右。历史发展的时钟拨到了2001年，已经羽翼丰满的联想进行了两个大的动作：一是将公司一分为二，拆分为联想集团和神州数码；二是实施多元化战略，向投资领域进军。这样的变革，彻底地让联想的资源分配、销售不畅等问题得到了解决，为联想实现更大的发展奠定了坚实基础。

资料来源：徐代军. 联想"教父"柳传志 [J]. 国资报告，2019（3）：104－107.

案例分析题：

1. 柳传志作为创业团队的创始人，有哪些优秀的品质？请结合本章内容进行分析。
2. 结合柳传志的团队在创业过程中的经历，分析其团队成功的原因和团队具备的优秀品质。
3. 分析柳传志选择团队成员时主要考虑的因素。

提示： 可以结合优秀创业团队特质等知识点进行分析。

俞敏洪创办新东方

谈到团队的组建，《西游记》中由唐僧率领的取经团队被公认为是一支"黄金组合"的创业团队。四个人的性格各不相同，却又同时有着不可替代的优势。比如说，唐僧慈悲为怀，使命感很强，有组织设计能力，注重行为规范和工作标准，所以他担任团队的主管，是团队的核心；孙悟空武功高强，是取经路上的先行者，能迅速理解、完成任务，是团队的业务骨干和铁腕人物；猪八戒看似实力不强，又好吃懒做，但是他善于活跃工作气氛，使取经之旅不至于太沉闷；沙僧勤恳、踏实，平时默默无闻，关键时刻他能稳如泰山、稳定局面。

新东方的创业团队就类似于唐僧的取经团队。徐小平曾是俞敏洪在北京大学时的老师，王强、包凡一是俞敏洪北京大学西语系80级的同班同学，王强是班长，包凡一是大学时睡在俞敏洪上铺的兄弟。这些人个个都是能人、牛人。所以，新东方最初的创业成员，个个都是"孙悟空"，每个人都很有才华，而个性却都很独立。俞敏洪曾坦承："论学问，王强出自书香门第，家里藏书超过5万册；论思想，包凡一擅长冷笑话；论特长，徐小平梦想用他沙哑的嗓音唱校园民谣，他们都比我厉害。"

俞敏洪敢于选择这帮牛人作为创业伙伴，并且真的在一起做成了大事，成就了一个新东方传奇，从这一点来说，他是一个成功的创业团队领导者。他知道新东方人多是性情中人，从来不掩饰自己的情绪，也不愿迎合他人的想法，打交道都是直来直去，有话直说。因此，新东方形成了一种批判和宽容相结合的文化氛围。批判使新东方人敢于互相指责，纠正错误；宽容使新东方人在批判之后能够互相谅解，互相合作。这就是新东方人的特点：大家互相之间不记仇，不记恨，只计较到底谁对谁错谁公正。

在一次活动中，牛根生客串主持人，向马云和俞敏洪提出了这样一个问题："创业路上，并没有那么巧的机缘和条件，能幸运地集聚到取经团队这样四个不同性格的人。所以，如果只能从这四个人中挑选出两个人来作为创业成员的话，你们会挑选哪两位？"

俞敏洪选沙僧和孙悟空，马云选择了沙僧和猪八戒。两人都选择了耿直忠厚的沙僧，但是关于另一个人选，两人的选择却很有意思。马云这样解释他为什么选择猪八戒："最适合做领袖的当然是唐僧，但创业是孤独寂寞的，要不断温暖自己，用左手温暖右手，还要一路幽默，给自己和团队打气，因此我很希望在创业过程中有猪八戒这样的伴侣。当然，猪八戒做领导是很欠缺的，但大部分的创业团队都需要猪八戒这样的人。"俞敏洪不赞同马云的选择，他认为猪八戒不适合当一个创业伙伴，猪八戒是很能搞活气氛，让周围的人轻松起来，但是缺点也很突出，就是不坚定，需要领袖带着才能往前走。而且猪八戒既然没信念，哪好就会去哪，哪有好吃的就往哪去，很容易在创业过程中发生偏移，企业有钱时会（大赚一笔后）离开，企业没钱时也很可能会弃企业而去。而孙悟空就不会这样，他是一个很理想的创业成员。俞敏洪列举了他的理由——他（孙悟空）的优点很明显：第一，有信念，知道取经就是使命，不管受到多少委屈都要坚持下去。第二，有忠诚，不管唐僧怎么折磨他都会帮助唐僧一路走下去。第三，有头脑，在许多艰难处境中会不断想办法解决。第四，有眼光，能看到别人看不到的机会和磨难。

当然，孙悟空也有很多个人的小毛病，会闹情绪、撂挑子，所以需要唐僧必要时念念紧箍咒。但是，在取经路上，孙悟空所起到的作用是至关重要的。如果将西天取经比喻成一次创业过程，孙悟空就是其中不可或缺的创业成员。

资料来源：俞敏洪创业故事［EB/OL］. 大家创业网，2021年，有删减.

扫码观看视频

乔布斯谈初期如何组建创业团队

乔布斯在视频中讲述了年少时独居老人带他用研磨罐研磨石头的经历：用看上去普通的石头经过互相摩擦最终变成光滑的石头的过程，来比喻竭尽全力工作的团队，通过团队合作使精英思想相互碰撞，磨砺彼此的想法，才能创造出美丽的"石头"。乔布斯将他的成功归功于发现了许多才华横溢、不甘平庸的人才，并提出了一些站在组织者角度与团队和人才一起工作的建议。

第三章 团队领导力

领导力是一种独特的艺术,对创业团队来说掌握这门艺术至关重要。本章从领导力的相关定义出发,参考西方三种领导理论,对团队领导力进行解答;又从领导和管理的概念延伸至对领导者和管理者的辨析。第三节如何提升团队领导力是本章的重点,对创业团队来说,选择正确的领导方式,使团队领导力作用发挥得淋漓尽致会达到事半功倍的效果。

第一节 什么是领导力?

"领导就是存在于领导者与其追随者之间的一种有影响力的关系,在这种关系中,双方都寻求改变并期待其结果能够反映他们的共同目标。"这是美国著名领导力研究学者理查德·L. 达夫特在他的书籍《领导学——原理与实践》所提到的,也被现在许多企业领导者用来激励员工。

一、相关定义

(一)领导力

什么是领导力(leadership)?综合不同研究领导力的学者对领导力所下的定义来看,领导力离不开领导者、被领导者以及领导环境。所谓"横看成岭侧成峰",所以从不同角度来看,领导力的定义也就不同。从领导者的角度看,领导力是领导者对被领导者的影响力。可以这样认为，在外在影响因素一致的情况下，一个领导者他所能影响的人越多、范围越广，他的领导能力就越强。从被领导者的角度看，领导力是被领导者对领导者的追随力，本质上，领导力是人们对领导者的自愿追随。影响力一定能够转化为追随力吗？追随力的主体是被领导者，他们自愿追随领导者的原因也是因人、因事、因时而不同的。

现代管理学之父彼得·德鲁克是这样区分领导力与管理的："管理是把事情做好，领导力是做正确的事情。"

美国管理学家哈罗德·孔茨是这样定义的："领导力是一种影响力，领导即是一种影响过程，是影响人们心甘情愿和满怀热情为实现组织目标而努力的艺术或者过程。"

美国前总统罗斯福说："一个最佳领导者，是一个知人善任者，在下属甘心从事其职守时，领导要有自我约束力量，而不插手干涉他们。"

亨利·艾伯是这样说的："当今领导，集中到一点，就是他有能力使他的下属信服而不是简单地控制他们。"

我们可以发现，领导力是被形容为一系列行为的组合，这些行为将会激励人们跟随领导去要去的地方，而不是简单的服从。那么，受人尊重的领导者要具备怎样的特质与能力，才能赢得人们的追随？

（二）领导特质

1. 早期领导特质理论——"天生"性格特质

20世纪初，领导特质研究最早兴起，苏格兰哲学家卡莱尔在《论英雄、英雄崇拜和历史上的英雄业绩》一书中阐述了他的伟人理论，他认为领导者的特质是上天所赋予的，是后天培养所无法形成的。这使得在一段时间内，学者们把研究重点集中在了领导者与非领导者所具备的特殊品质的对比上，如个性、社会、生理或智力等方面。20世纪30年代，西方管理学界专门针对高效领导者特质进行了系列研究，亨利（1949）认为成功领导者包括强烈的成就需求、较强的决断力、较强的自信心等12种特质，吉布（1954）则提出天才型领导者具有超凡的智力、支配他人倾向、自信心强等7种特性。

2. 现代领导特质理论——"后天"多因素影响

随着理论研究不断深入，学者们对领导特质理论的认识与以往那样仅仅局限于对天生的性格特质本身的研究不同，而是逐渐多视角化，更多地考虑环境等多种影响因素，所以出现了诸多理论。如豪斯（1976）认为，高度自信、支配力和对自己的信念坚定不移是魅力型领导具备的三种个人特征。交易性领导则注重交易，也可以说是交换，领导者与被领导者之间是基于交易条件，从而达到互相满足。变革型领导则更注重通过精神上的影响、情感上的感化来激发被领导者的更高层次的需要。

3. 当前领导者特质理论研究——基于创新创业视角

近年来，随着创新创业浪潮的兴起，领导者已经成为企业能否成功的关键性因素，其人格特质受到国内外学者们的关注也越来越多,并产生了创业型领导理论。弗纳尔德等(2005)建立了关于创业型领导的五维度模型,其中包括:愿景建立、问题解决、决策制定、风险承担及战略积极。赫加齐(2012)等提出了创业型领导的四维度模型,包括战略、沟通、个人和激励。阿格比姆等(2013)指出战略、沟通、个人和激励等要素对于创业均有良好的激励作用,并在此基础上提出了创业者应具备长远的战略眼光、积极完备的沟通技巧和良好的个人价值特质与自我激励水平等诸多特质。国内学者也有专门针对创新创业型领导者特质理论进行研究的,总结出来以以下几人为代表。唐宁玉等(2006)从敏锐洞察、自主创新、身体力行、勇于竞争、精细经营、承担风险、远景目标和激励他人等8个维度概括了创业型领导的特征。杨静、王重鸣(2013)基于扎根理论将女性创业型领导划分为变革心智、培育创新、掌控风险、整合关系、亲和感召、母性关怀6个维度。曲维鹏(2005)、李华晶和张玉利(2006)、徐娟(2013)等学者的研究证明了创业型领导对创业绩效的正向作用,杨静(2013)基于中国变革的背景探究了女性创业型领导的内在多重架构及其产生的广泛影响效应。李恒等(2014)、陈文沛(2015)等学者通过实证研究分析了创业型领导对员工的影响。

现在,国内外学者针对创新型领导者的直接研究还不是很多,研究的重点也主要体现在探究创新型领导理论和领导者的创新素质方面,王寿松(1999)认为:敢冒风险、不怕挫折、奉献精神是创新型领导者的思想特征。梁丽芝(2002)则是从研究培养创新型领导者的价值意义与影响因素入手,并给出了造就创新型领导人才的措施与路径。奚洁人(2006)为陈尤文的《领导者的创新思维:从理论到实践》作序时,简要概括了创新型领导的素质与能力要求。吴新华(2006)提出智商、情商、胆商、韧商是领导创新的四个素质要求。杨显岳(2007)指出,创新型领导应具备8个方面的素质。何卫华(2008)详细分析了创新型企业家的综合评价指标。胡国栋、魏伊舍(2011)提出了创新型领导者的特质包括创新信念、创新思维与创新能力三个方面。

根据学术界的研究成果来看,当前对于创新创业型领导者特质的相关研究尚处于初期阶段,对创新创业型领导者特质的概念界定、维度模型等,目前还未形成统一的认识。

(三) 领导风格

1. 专断型(独断型)

专断型领导风格的特征是大权独揽,以"唯我独尊,舍我其谁"的思想为主导。在专断型的领导风格下,所有的事务都由领导个人做出决断,采用强制的命令促进工作,下属要绝对听从上级领导,无法主动开展工作。这样的领导风格在决策时没有下属和他人的参与,所以决策民主化程度低,且质量风险较大,还会使得领导者居高临下、主观武断。同时,也会造成被领导者失去工作热情和积极性。对于专断型的领导来说,任务简单且经常重复或者时间要求较为紧张的情况下可以选用。

> **案例故事**
>
> 楚汉之争中，项羽是贵族出身，从小受过良好的教育训练，具有超强的能力。项羽充分信任自己的决断，是典型的英雄式的权力专断型领导。刘邦是地痞无赖出身，对打仗治国并不擅长，于是找来了张良、韩信等众多谋士，得以采纳各路谋士的意见，是典型的民主型领导。在与刘邦争夺天下的初期，项羽是占优势的，但随着战局不断铺开、形势愈加复杂，大权独揽的项羽最终败给了群策群力的刘邦。

2. 民主型（分权型）

民主型领导风格的特征是权力充分下放，以"集思广益，群众是真正的英雄"的思想为主导。在这种领导风格下，领导者可以发动下属共同决策。这样的领导风格下通常有两种形式：一是民主参与式，领导者给下属制定具有挑战性的目标，将权力下放在一些与下属息息相关的进展方面，让下属参与到这些决策过程中；二是民主协商式，决策过程中积极采纳下属的建议。民主型领导风格虽然激发了员工的参与感，但是无休止地召开会议，一遍又一遍地交换意见，浪费了人力、物力、财力，使达成共识成为一大难题。

> **案例故事**
>
> 1979年初，邓小平转换改革思路，鼓动民间创业，放任乡镇企业活跃，放弃管制边界，默许突破现有法制的创新性行为，甚至形成了"村村点烟，乡乡冒火"的景象。开辟四大特区和十四个沿海开放城市，尝试"三来一补"的政策。
>
> 邓小平早在1982年提出"一国两制"概念，之后逐渐完善"一国两制"构想，并为之不懈努力地推动实施，开创了两种政治制度在一个国家和平共处的先河。
>
> 1992年，邓小平在姓"资"还是姓"社"的问题上，指出"不管是黑猫还是白猫，抓到老鼠的就是好猫"，为中国的经济政治格局的发展指明了方向。

3. 放任型（无为而治型）

放任型领导风格的特征是很少或者基本不决策，以"无为而为是为也"的思想为主导。放任型领导风格注重无为自化，不会执着于决策权的控制，而是把权力分散在每个人手中。当然，每个员工的能力水平和工作动力是不同的，所以对该领导方式的效果显示也不同。放任型的领导风格会导致两种效果：一方面，领导者松手放权，在行动自由方面给下属员工极大的权力，有利于激发员工的工作积极性；另一方面，自由度可能会使下属缺失目标，工作责任感降低，工作效率也降低。

> **案例故事**
>
> 任正非作为华为企业的领导人,在公司内部的管理上有着独特的看法与理解。道家的"无为而治"、儒家的"中庸"、法家的"法制",这些都是他管理思想的来源之处。
>
> 任正非在高层管理者的领导上以"无为而治"为主,而在中层管理者的领导上选择了"中庸之道",在底层就是"法制"。这样不仅充分调动了各层之间的能动性,也体现了他高超的领导艺术。

(四) 团队领导力的五要素

如图 3-1 所示,领导力诸要素的关系:处于第一圈层(核心层)的是领导过程、领导实践;第二圈层的领导能力、领导行为和领导知识都是领导过程的直接或间接产物;第三圈层的领导情境是指确保领导过程正常运行的环境因素的总和,是领导行为、领导能力和领导知识等要素形成和发展的重要基础。

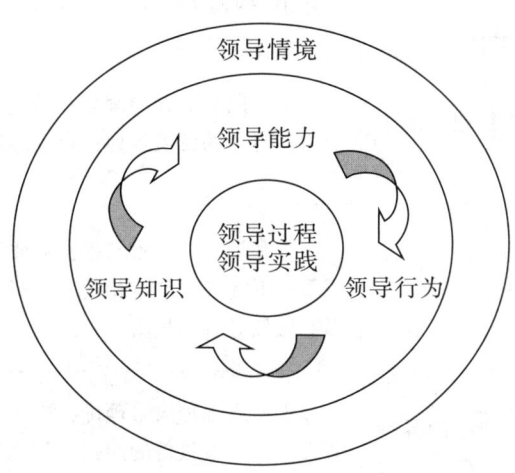

图 3-1 领导力概念链

领导力五要素包括感召力、前瞻力、决断力、控制力、影响力(见图 3-2)。具体介绍见表 3-1。

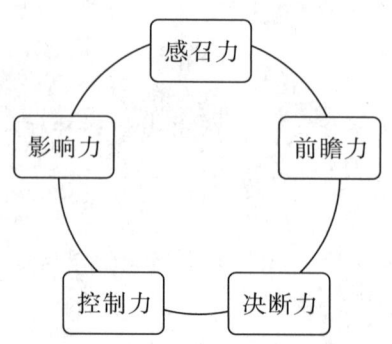

图 3-2　团队领导力五力模型

表 3-1　领导力五要素以及内容

五要素	含义	具体内容
感召力	最本质的领导能力；领导学理论最经典的特质论研究的核心主题	坚定的信念和崇高的理想；高尚的人格和高度的自信；代表一个群体、组织、民族、国家或全人类的伦理价值观和臻于完善的修养；超越常人的大智慧和丰富曲折的阅历；不满足于现状，乐于挑战；对事业的热爱
前瞻力	本质上是一种着眼于未来、预测未来和把握未来的能力	个人和团队的领导理念；利益相关者的期望；团队核心能力；行业的发展规律；宏观环境的发展趋势
影响力	领导者对被领导者的影响能力	需求和动机的洞察与把握；建立的各种正式与非正式的关系；平衡各种利益相关者的行为与结果；各种能够有效影响被领导者的权力
决断力	针对战略实施中的各种问题和突发事件而进行快速和有效决策的能力	善于利用各种决策理论、决策方法和决策工具；快速和准确评价决策收益的能力；预见、评估、防范和化解风险的意识与能力；实现目标所需要的必不可少的资源；把握和利用最佳决策及其实施时机的能力
控制力	有效控制组织的发展方向、战略实施过程和成效的能力	确立团队的价值观并使成员接受；制定规章制度等规范，保证成员遵守；任命和合理使用干部来实现分层控制；建立强大的信息力量，了解和驾驭局势；控制和有效解决各种冲突以控制战略实施过程

二、典型的领导理论

(一) 仆从领导理论

1. 基本内容

仆从领导理论（servant leadership theory）在西方可追溯到耶稣基督，虽然学术背景不厚重，但却越来越受研究者的重视。该理论由印第安纳应用伦理中心（后更名为"格林里夫仆从领导中心"）主持者罗伯特·格林里夫（Robert K. Greenleaf）在20世纪70年代于美国提出。格林里夫喜好东方哲学，他前半生一直致力于组织领导和管理实践中，退休后则扎根于理论的研究。《东方之旅》是仆从领导理论的来源，主要讲述了一场精神领域的跋涉在仆从里欧的消失后结束。里欧单纯、朴实、亲切，他既是奴仆，又是探险团队的领袖与精神核心。格林里夫将这一精神领域的自传学术化，表示"一个伟大的领导首先应被看作是一个仆从，这样一个简单的事实正是他的伟大所在"，从而阐述了仆从领导理论的核心思想：深入群体，将自己置身于"仆从"中，切实体会他们的所求、所想，并将自己的愿景与"仆从"的重合，促使整个团体向共同的目标迈进。

2. 评价

仆从领导理论的认识来自实践，他以服务领导挑战了传统的统驭领导，是组织管理行业中一类流行代表理论。没有扎实的科研基础的理论进入学术教科书的范畴是非常困难的。但是，由于当时兴起的后现代主义，对权力进行批评导致了学术领域中对各类草根理论的肯定，所以"仆从"领导理论也逐渐被学者们所关注研究。

(二) 领导—下属交换理论

1972年，心理学家乔治·格雷恩（George Graen）等人在对新员工的社会化问题的研究中，发现"领导者对新员工角色的关注对于新员工的发展是相当重要的"，这一点启发他们从领导者与下属的人际关系出发研究领导，得出的结论是：领导者对待下属的方式是有差别的。他们根据结论探索出了领导—下属交换（leader-member exchange，LMX）理论模型。

1. 基本内容

领导—下属交换理论通俗地讲就是领导者区别对待下属。该理论根据领导者受一些因素影响对待下属亲疏的不同，划分为高质量和低质量的两种领导—下属交换关系。拥有高质量领导—下属交换关系的被称为是圈内组下属（in-group），圈外组（out-group）则是低质量的。所谓圈内组下属，是指那些得到了领导很多关心和支持，与领导者彼此相互信任、相互认同、相互理解的下属。所以，那些获得领导关心支持多的圈内组下属工作热情高，对领导也满意，工作效率也就更好，这样的关系进而被称为是高质量的LMX关系。后来的研究更主要的是开发它的维度，从不同维度阐述出了不同的观点。

2. 评价

领导—下属交换理论开创了领导特质理论的新视角，它从领导资源方面研究、探索，是一种现实的理论。领导—下属交换理论的形成和发展比较迅速，一旦形成这种关系就会产生一种稳定性。但是它将领导者的关心、支持等看作是稀缺的领导资源，学理性弱。同时，低质量的交换关系对团队整体来说是不利的。

（三）智慧智力创造力综合理论

1. 基本内容

21世纪初斯滕伯格（Robert J. Sternberg）在其成功智力理论的基础上提出了智慧智力创造力综合领导理论（Synthesis of Wisdom, Intelligence and Creativity Theory, WICS）。这一理论相对于早先的三元理论而言，更具现实意义，范围也更加宽泛，从学业领域拓展到社会实践。这一模式认为有效的领导应该是智慧（wisdom）、智力（intelligence，包括理论智力和实践智力两种）和创造力（creativity）的一个综合（synthesis），其目标指向的是资源合理配置。这三种元素在斯滕伯格的著作中的排序首先是创造力，其次是智力，最后是智慧。在现实生活中能够具备这三元素并很好地发挥出来的出色领导者是很少见到的，所以就需要一种综合的能力把各种能力糅合起来。团队成员作为领导者的智囊团，可以在不同层次上去弥补领导者能力上的不足之处。

2. 评价

斯滕伯格的"WICS"理论使得领导学理论范式的转换再次得到证明。它是斯滕伯格在成功智力理论、三元理论的基础上，糅合了其他研究学者在不同阶段的领导特质理论，呈现出"广而不浅"的特点。他将一些现实进行了梳理，在实践指导中发挥着重要作用。三种元素的排序，更是促进了对领导过程本质的认识。但是，斯滕伯格作为心理学家，他所做的素材选取无法涵盖所有侧面以及一直把领导者作为研究的主体，缺乏全面性。最后，这个理论提出了大量心理内容的组合，这些组合的效能需要实证检验。

第二节 领导者与管理者有何不同？

一、领导和管理

随着认识的深入，领导的定义也在不断变化。有位管理学家说："有多少管理学家为领导下定义，就有多少个领导的定义。"但是，领导包含着影响过程是大家所公认的，所以我们使用领导的最广泛的定义，即领导是一种影响一个群体实现目标的能力。领导和管理在实践中被看作是由一系列交叉的能力所形成的连续统一体。大部分的组织会同时设立首席运营官和首席执行官，因为同时具备管理能力和领导能力并在这两方面都很出色的人是非常少有的。

领导和管理既有交叉部分又有区别部分，如图3-3所示。领导是在管理学理论发展的过程中细分过来的，属于更高层次的组织管理活动。自我管理、专业技能、决策、灵活性等方面是领导与管理的交叉部分，而影响、灵感、转变和战略思考等方面是领导所特有的。领导是宏伟蓝图的设计师，从长远的战略角度来规划团队的方向、目标；管理则是工程师，他将蓝图中的细节抠下来，从具体的战术角度来监督、控制整个团队的工作。

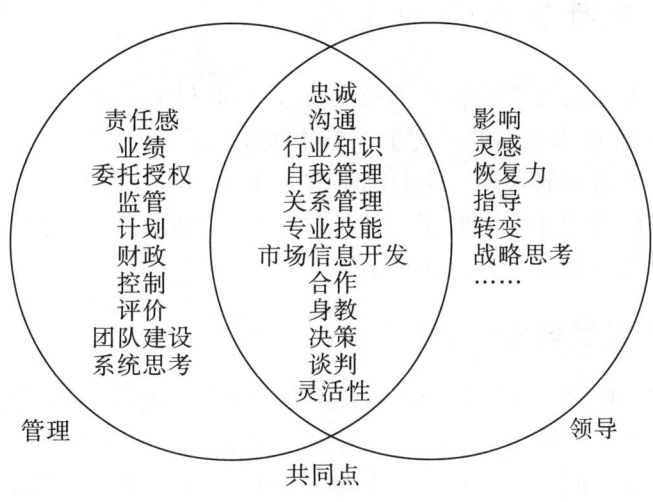

图3-3 领导与管理分工的异同点

如果说管理是具象化的，那么领导就是他的抽象化。领导的对象主要是具有能动性的人和能动性的人与事之间，他们受外在的影响因素较大、具有不确定性。管理的对象更多的是财、物、信息、技术等，虽然也有人，但是他具有一定的稳定性和可靠性。领导的成果一般是从团队发展、社会进步等宏观效益来体现的。管理的成果主要体现在项目完成、工作绩效等微观效益方面。另外，因为领导主要从宏观角度考虑问题，所以注重获取的外部环境，追求组织和团体之间的平衡和谐；管理主要从微观角度考虑问题，因而比较注重维持正常的、稳定的、有效的内部秩序。

领导一般与应对变革有关。近几年，随着商业发展的复杂化和商场竞争的白热化，领导在团队管理中变得越来越重要。导致商业市场变化的因素很多，如经济全球化、市场经济的完善、垃圾债券的冲击、劳动力结构的变化等。要想在不断变化的环境中生存发展下去并且形成强有力的竞争力，就需要不断变革，创业团队所面临的是更加复杂困难的环境，面对更复杂的变革，需要的领导力也更多。相对而言，管理与处理复杂情况有关。良好的管理可以使创业团队从杂乱无章变得条理有序，即使面临突发情况也不会使团队走向解散。

领导和管理这两种不同的职能，形成了领导行为和管理行为的特征。两种体系都涉及：决断要做什么，建立团队与关系网络，使员工各尽其责。但是，两者对于完成这三项任务所采用的方法各不相同。管理驱动着团队整体完成目标，控制、监督是离不开的重要职责，要确保日常工作的顺利进行。领导需要考虑的是整个团队为什么要这样做，我们适不适合或者是哪些人适合做这些事，如何在兼顾团队成员个人成长的同时又完成团队的目标。从抽象的角度考虑成员的尊严、价值和才华。领导会激励员工，激励创新，并且寻求潜在的机会和回报，特别是在创业团队中，这种激励显得格外重要。

二、领导者与管理者的定位

创业时期的企业团队无论采取 U 型职能管理结构（即一元结构，管理层级的集中控制）还是 M 型的事业部组织结构（即事业制组织结构，集中决策、分散经营），因其规模有限，都存在一个重要的问题：企业内部成员不足，普遍一人担任多个职位，所以在角色描述上有一定的模糊性。一般而言，我们把企业内成员划分为三种：领导者、管理者和操作者。这里我们只叙述前两者的部分。

（一）领导者与管理者的职能

领导者的主要职能有：①对整个团队发展方向和道路进行长远规划，提出经营策略，创新与变革，在宏观方面做出风险决策。②完成团队设计，制定符合团队高效工作目标的结构、制度和方法；同时，要根据市场环境变化对团队机构和体制进行变革与调整。③创建团队，建设强有力的管理团队，合理安排岗位配置。在经营战略和远景规划以及团队设计上达成一致。④激励和带领下属，形成团队文化，克服改革在经济、文化、政治、资源等方面的障碍，促使工作团队沿着正确的发展方向前行、变革，培养有利的变革能力与核心竞争力。⑤继续保持重要关系，进行最重要的工作社会活动。在与外界联系过程中，代表整个组织，为整个组织说话，为整个组织承担义务，以保证组织经营的顺利进行。⑥在处理重大突发事件时，可以依靠经验和预测，针对所有可能出现的重大突发事件，及时做好应对预案；尽可能早地发现先兆，建议相关政府机关领导和工作人员保持警惕。

管理者的主要职能有：①计划和预算，即设立短期（一个月）和中期（一年）的目标，并制定达到目标的具体方案，安排达成目标的时间计划、财务预算，以及其他资源分配；②为了实现组织的中期目标，将工作任务加以划分，配置合适的工作人员，适当布置工作任务，解释计划目标的含义并指出执行计划的重点，制定工作质量标准，并设置必要的监控体系；③积极引导与协调团队中的其他成员，积极鼓励下属，引导员工的活动，并选择最合理的交流途径，以解决团队成员之间的问题；④控制计划实现过程，即对计划执行情况随时收集反馈信息，找出实施计划过程中的新问题，调整计划和实施方法，组织力量解决过程中的新问题，使中期计划得以完成。

（二）领导者与管理者的分层

在创业团队初期，因为人员组成不太完整，所以领导者往往只有一层，而在复杂而庞大的企业中领导者通常划分为高层、中层、基层。

1. 高层领导者：营造氛围

高层是价值观、制度与流程的倡导者。高层的领导要考虑的是：启动一个项目或者做某件事对团队整体的心绪会产生什么样的作用。

> **案例故事**
>
> 曹操在官渡之战大败袁绍后，在敌军营帐发现有自己的下属和袁绍私下沟通的信函。如果常人处理这件事，一般接下来便会调查这些信件是谁写的，然后以通敌叛国的名头治罪。但曹操却说："当绍之强，孤犹不能自保，而况众人乎？"也就是说曹操认为在袁绍兵马强壮的时候，自己与之一战都不一定能够胜利，其他的人又算得了什么？说完便将信件毁去，不再计较。经过这一事后，曹操的下属们也就改变了对他的看法，忠心追随于他。水至清则无鱼，人至察则无徒。

2. 中层领导者：面面俱到

中层领导需要上传下达，具备超强的责任感与执行力。中层管理者从林林总总的小事抓起，团队每项工作的背后都能看到他的影子，就像是个大管家。能够做到"面面俱到"、有认真负责的工作态度才可以成为优秀的中层管理者。

> **案例故事**
>
> 安德斯·艾利克森写道："世界上任何领域都没有天才，音乐没有，创业没有，管理当然也没有。那些所谓优秀的管理天才都是通过大量的练习才掌握优于别人的技能的。"根据艾利克森的观点，管理领域没有天才，想要成为一个优秀的中层管理者，唯一的途径就是练习，练习，再练习。
>
> 资料来源：艾利克森，普尔. 刻意练习：如何从新手到大师［M］. 王正林，译. 北京：机械工业出版社，2016.

3. 基层领导者：使命必达

基层领导是直接执行者，应严格执行标准、完成任务、激励下属、管理现场。初级的管理者要以执行为重，无论过程中出现什么样的问题，都要确保最终的结果。

创业团队管理

> **案例故事**
>
> 20世纪60年代，政府准备在松辽平原开采油田。当时的条件非常艰苦，没有吊车、拖拉机，在将钻机卸下车时就遇到了瓶颈。王进喜的办法是带领工人"人拉肩扛"。他们用同样的办法，只用了4天时间便将40米高的井架竖了起来，这在那个年代是不可想象的事情。王进喜的身上完美体现了初级管理者的优秀品质：无论用何种手段，一定要实现最终的结果，也就是"使命必达"。

（三）领导者与管理者的角色定位

管理者最普遍的就是自己成了"夹板气"：管理宽松，员工不能够完成任务，上级怪罪；约束过紧，员工摔饭碗不干了，照样工作完成不了，上级责怪。不辞辛苦地为上级考虑、为下属着想，终究"里外不是人"、两头不讨好。为什么管理者成了"夹板气"？因为管理者的定位不明确。古话讲"名不正则言不顺"。

在创业团队中，领导者的核心任务是团队管理，建立战略目标，把握变革方向，营造团队氛围，培养和激励成员。管理者的核心任务是过程管理，细化战略蓝图，熟练业务开展，规划项目流程，开展和验收项目。

领导者的首要任务不是定义和优化业务流程，而是吸引能够理解并执行领导者战略意图的被称为知识工作者的管理者，通过培训和激励机制提高他们执行战略的能力。如果领导者定位不清晰、对自己的职责不明白，过分地把注意力放在定义和优化业务流程上，那么管理者的定位和职责也会相应地发生错位。即使有的领导者是从团队内部的管理者或者普通员工中提拔来的，也不能因为他对操作者的业务流程相对熟悉而去定义整个操作过程。这样的团队即使有清晰的流程，所产生的效果也是深受不稳定因素的影响。因为他们的日常工作已经远离了生产的前沿，团队的内外部环境已经发生了实质性的变化，用以前的见解和经验去为现在的事物下定义是既不合适又不合时宜的。领导者更应该把注意力放在成员的培训与激励上，这样团队的"生命力"才能更加旺盛。

三、领导者与管理者的区别与联系

（一）领导者与管理者的区别

1. 历史使命不同

领导者的历史使命是解决做什么的问题。简单的五个字却需要领导者发挥自己的各项才能，制定出团队的长期目标，通过个人魅力、领导才能、影响力等获得追随者，从而团结整个团队，向着目标努力奋进。管理者的历史使命是将团队内部的资源合理有据地分配到团队成员手中，控制团队的前进方向，梳理并完成工作任务，让团队的日常工作有效运行起来，完成团队目标。

2. 关注对象不同

领导者关注人及其作用发挥，擅长激励，落脚点在于"人"。领导者通过挑选、培训、激励推动团队目标的实现，充分激发团队成员的才干。管理者关注制度和规则，擅长控制，落脚点在于"项目"。管理者通过分解组织目标、构建业务流程、制定业务流程、建立管理制度和规则，以指导和监督员工完成工作项目。

3. 组织结构不同

领导者与一般管理者不同，通常在团队建设中领导者的设置只有一层或者是一个，而管理者则有很多。我们以一个公司为例，通常团队中的领导者就是董事长或者董事会（主要成员）；管理者则从横向和纵向两个方向发展。从纵向上看，有总经理、部门经理、科长、小组长；从横向上看，有财务部经理、市场部经理、人力资源部经理、媒体部经理、策划部经理……各个公司或集团在设置上会稍有差异。这样看来，领导者更具综合性、决策性、战略性，而他们所进行的工作也更具超前性；管理者则更加精细化、行为化、战术化，所做的工作也更加具体现实。

4. 关注目标不同

领导者的关注目标是"领"。他要有远见，实现对事物发展做出判断，明确下一阶段的方向；他要察觉机遇，要在团队工作中安装指示灯，关注长远发展。管理者的关注目标则是"控"和"管"。他要有规划，对事物发展的过程与路径精心控制，确保这样做能够完成组织目标；他要解决问题，要在团队工作中辅佐管理者的工作。就像羊群一样，如果没有领头羊，那么牧羊犬不管怎样去控制羊群不要分散，羊群都没办法找到回家的方向，这样羊群最终会迷失方向，不知所踪；如果只有领头羊，而没有牧羊犬控制羊群，那么整个羊群就会越来越分散，越来越散漫，从而耽误了回家的时间。

5. 思维方式不同

领导者要求"做正确的事"，即目标驱动，注重管理的效果呈现，"创造思考"是核心；管理者要求"正确地做事"，注重管理的效率体现，核心是"逻辑推断"。只有两者有机结合，既"做正确的事"又"正确地做事"，才能创造高质量的创业团队管理。

6. 权力来源不同

在前文我们已对领导力下了几个角度的定义，不管是从影响力还是追随力的角度分析，都可以得到一个结论，即领导者的地位是通过他的才华、个人魅力等赢得的。所以说领导者他的权力的来源是与他本身的影响力息息相关的。不管是正式组织还是非正式组织，领导者的权力都是他的追随者所给予的。这与前文提到的领导特质理论中的伟人论有所相似，但在根本上不同，伟人论认为伟人的领导力是天生的，是后天无法培养的，而领导者却不是。管理者组织结构的特点也会影响其权力的来源，一般管理者都是通过组织赋予"权力"，不同事物的管理者在相对应的职位上也会拥有不同的权力。管理者所在的地位是其行使权力的重要依据与保证，通常包括法定性的、奖赏性的和惩罚性的。

7. 才能要求不同

团队之中,面对不同层次的指导,所需要的才能也是不同的。如果把创业团队比作一支军队,那么领导者就是军队的主帅,而管理者则是将领。知己知彼,才能百战不殆,所以优秀的主帅必定是知识全面、善于把握天时地利人和、更懂得识人善用的。而将领面对的则是士兵,需要训练控制、冲锋陷阵。

8. 管理职能不同

以上这些不同(见表3-2),也就使得领导者和管理者在管理职能方面有所不同。在管理学的研究中比较广泛认可的是:管理是用于应对复杂性的,而领导则是为了应对变革。

表3-2 领导者与管理者的区别

不同方面	领导者	管理者
历史使命	解决做什么	解决怎么做
关注对象	人及其作用发挥	制度和规则
组织结构	经营层的领导者	管理层和执行层的领导者
关注目标	长远发展	近期效益
思维方式	创造思考	逻辑推断
权力来源	正式权力和非正式权力	主要来源于正式权力
才能要求	知识面要广	专业化要深
管理职能	应对变革	应对复杂性

(二)领导者与管理者的联系

虽然前文对领导者与管理者两者进行了区别划分,但是在现实实践中,对两者之间的划分并不是特别明显,他们之间还存在着一些共性。

首先,领导者和管理者要达到的目的是相同的,都是通过计划与决策实现团队目标的完成。

其次,领导者和管理者都需要在团队管理中进行决策、人际、信息传递等重要角色的灵活转换与应用。

再次,领导者和管理者都需要掌握概念、人际、技术这三大基本技能。

最后,领导者和管理者所进行的管理活动都离不开经典的管理、HR、沟通活动、社会交往活动。

总之,团队业务流程的合理运作离不开领导者和管理者对自己的正确定位。只有正确定位了,才能体现出各个职位存在的必要和每个人的价值。也只有这样,才能还组织一个和谐的工作氛围;才能充分发挥领导者和管理者的聪明才干,提高组织的工作效率,从而真正实现高质量的管理。

第三节 如何提升团队领导力?

一、团队领导力评估

(一) 团队领导力

现有研究认为,团队领导力是指团队所有成员发挥自己的领导力以实现团队共同的目标,并且为工作的成败共同承担责任(乔雪,2012)。创业团队中要充分发挥出领导力的作用,就需要整个团队的共同努力。创业团队的战略目标是整个团队的共同目标,团队成员各司其职,既分工又合作。

(二) 团队领导力 ITO 评估模型

资料显示,现在关于团队领导力评估模型的研究还是比较少的,而一些企业自己所进行的探索也是范围较小的,未有广泛的使用或未被学术界推崇认可。这里我们选取了王岚等(2013)提出的团队领导力 ITO 评估模型。在这个模型中,他把整个团队形成具象化为一个三角形。在三角形的底端(或者基层)是个人领导力,由此可见领导者个人领导力以及团队成员对自身的领导力是基础性的;然后核心部分是团队的向心力,也可称为凝聚力、团结力;最后尖端或顶层是组织的战斗力,这并不是说它所占的权重最少,而是表明,只有基层和核心稳定,才能展现强大的战斗力,去与行业内的其他团队竞争(见图 3-4)。

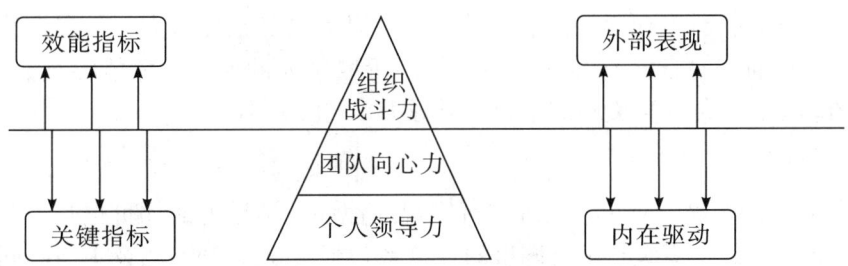

图 3-4 团队领导力 ITO 评估模型

首先,我们先来研究什么是个人领导力。在这里个人领导力不仅仅指的是团队领导者的个人领导力,还包括团队成员对自身的领导力,通俗讲就是职位胜任力。由于前文已经讲述了关于领导者的领导力方面的内容,所以在这里只讲述团队成员的领导力。团队成员的领导力主要关注的是个人与所在职位的匹配度。这个匹配度关乎个人工作开展完成的流畅度、专业度以及成功与否。也就是说它能够从一定层面上预测你的工作绩效,而工作绩效在领导力评估中的重要性不言而喻，被称作是关键指标。当然，我们也可以运用职位胜任力模型从动机、行为和认知这三个方面来评估。

其次，我们来看团队向心力。团队向心力（或者团队凝聚力）的评估体现在整个团队的契合度方面。如果团队中每一个成员都是从名校毕业、博士学历，那么无疑他们是优秀的。但是优秀的人就一定做事面面俱到、毫无缺点吗？结果是否定的，很多优秀的人反而会因为思考的特异性而不融于团队。所以说向心力的评估也是一项关键指标，我们可以选取互补性、包容性和融入性三个角度进行评估。互补性指的是团队成员的能力、阅历方面，提高成员之间的互补性可以营造学习型的工作氛围，促使困难问题的快速解决。包容性通常与个人的素质品德有关，当然这里强调的包容是在可控的未发生实质性损害的范围内，更多体现在团队内部成员日常的、非工作的交流交往之中。提高包容性可以和谐团队氛围，团结组织力量，从而促进团队效率的提升。融入性则更多是强调个人对团队的认可度，两者之间的关系是相互促进的。只有在两者的促进下，才能激发出团队的潜力。

最后，我们讨论一下组织战斗力。团队战斗力指的是团队成员的工作实力，在本质上被认为是团队领导力发挥程度的检验指标。

在团队领导力的评估中，个人领导力和团队向心力是关键指标，属于内在驱动部分；组织战斗力是外部表现，属于效能指标。就像是汽车的构造一样，金属框架是它的直观呈现，而促使汽车行驶的却是内在驱动。这三者都是团队领导力的评价标准。然而，如果从领导力提升的角度来看，则应重点关注其内在驱动因素。

（三）团队领导力评估实践

1. 领导者自我评价

在团队领导力评估中，领导者自身的评价也是非常重要的。有的领导人只能看到衣服前面口袋的优点，看不到背后口袋的缺点，还以为自己领导有方，其实在其他人看来却是胡乱指挥一通。对自己有客观认识，虚心听取别人的谏言，才能够全面认识自己，知道自己的弱点，才能在更大空间上提升领导力。

2. 他人评价

职场中常用360°测评对个人表现进行客观的他评。领导力的评价也是如此。除了领导者自己，他的上级、下级、平级同事的评价都包括在这个360°测评中。不同视角的人在不同的事件中可以感受到对方的领导力状态，从而可以给予一定的反馈信息。

当评估结果出来后，领导者可以对比自我评价和他人评价是否一致。如果自评与他评相同，说明领导者自己的表现、自己的感受与他人的感受一致，无论领导力高低，大家的认知是一致的。如果自评高、他评低，说明很可能是领导者本人自我感觉良好，但并没有在与他人互动的过程中得到体现，此时领导者需要自我觉察和反思；如果相反，自评低、他评高，很有可能是因为领导者对自己要求严苛，过于谦虚。

基于团队领导力ITO评估法的项目操作流程可大致分为构建团队领导力评估模型、

线上线下评估、全面诊断并提出提升建议三个阶段（见图 3-5）。

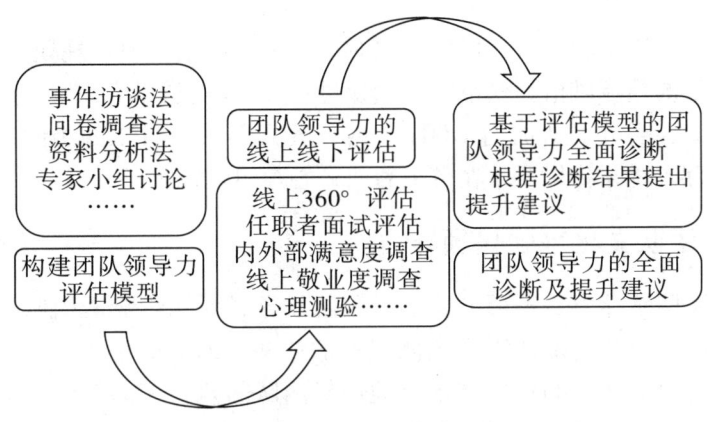

图 3-5　基于团队领导力 ITO 评估法的项目操作流程

二、团队领导力提升

（一）构筑核心团队

优秀的核心团队是创新团队建立发展的强大根基。团队领导人必须认识到构筑一个可靠、优秀的核心团队的重要性。

（二）建立信任关系

团队建设的基础是要选择正确的成员，在团队内部建立起信任关系，互相帮助，共同提高团队效率。同时，也要加强成员之间的沟通交流，从而提高他们之间的信任度。营造互信氛围、建立信任关系可以清除工作过程中的一些障碍，激发员工工作积极性，提高员工工作效率。

（三）灵活运用领导风格

每一种领导风格都有各自的优缺点，最适合的领导风格才是最好的。一个好的领导者，应该清晰地了解每种领导风格的特点与适用的环境。这样才可以博百家之长，成一己之风。优秀的创业团队领导者应该是务实的，以不变应万变，灵活使用各种领导风格指导团队工作，充分显示各种领导风格的优点。

"权变管理"是一门艺术，作为创业团队的领导者应该懂得如何应用这门艺术。要学会灵活明达和因地因时制宜，面对不同的境况灵活选用领导风格。领导风格的选择不仅与管理境况这个客观因素有关，也受领导者本人、团队成员等主观因素的影响。在主客观因素的共同作用下形成每一种领导风格，但是我们最终所追求的都是团队工作的高绩效。所以，在面对特殊情况时，我们也会特殊对待，而不是一味地寻找平衡点。

（四）与团队发展相匹配

优秀的领导者应该随着团队发展的不同时期、员工数量、团队规模、团队默契度等，不断调整改良自己的领导风格。松下幸之助说过："当我的员工有100名时，我要站在员工最前面指挥部属；当员工增加到1 000人时，我必须站在员工的中间，恳求员工鼎力相助；当员工达万人时，我只要站在员工后面，心存感激即可。"

（五）建立团队文化来强化领导力

团队文化和团队领导力是不可分割的。团队领导者深深影响着团队文化的形成，而处于其核心的团队价值观的形成需要团队成员的认同。团队的集体精神、发展追求、价值判断标准等都是团队文化的集中体现，他们对团队的执行能力、团队的核心竞争力都有着决定作用。形成绩效导向的团队文化，对强化组织领导力有十分重要的作用。

三、合理使用领导方式

（一）团队能力与领导方式的关系

创业团队成员的工作能力是影响领导者选择领导方式的重要影响因素。创业团队一开始可能需要一定时间的适应和磨合、工作能力不高，这时领导者应该下达具体的工作任务指标，在进行监督时给予明确的指导。随着成员个人能力与团队协作能力的加强，领导者的领导方式的偏好也要逐渐调整，可以适当减少指令的次数，让员工发挥自主性、能动性。当时机成熟时，领导就可以对部分工作进行授权。团队能力与领导方式的关系如图3-6所示。

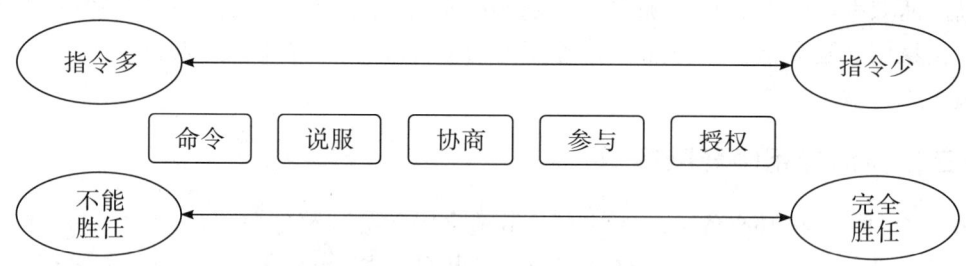

图3-6　团队能力与领导方式的关系

（二）团队意愿与领导方式的关系

团队成员的工作意愿度直接影响其需要得到帮助和支持的程度。一般创业团队初期成员的工作意愿度都会比较高，干劲十足；但随着团队各项事务的增多，进入磨合期，需要大量加班加点，工作意愿就开始下降。而且，创业团队的资金都比较有限，不可能开出行业内的高薪，所以工作意愿低不可避免。对于工作意愿度低的人，我们应该给予大量的鼓励和帮助,这样才能使他们对工作满怀热情;对于工作意愿度高的人,他们的积极性和主动性都应该很强烈,但是这样的人是极其需要认同感和成就感的,领导者也不应该忽视他们,应该对他们的工作给予肯定,在完成较好的情况下进行嘉奖表扬。团队意愿与领导方式的关系如图3-7所示。

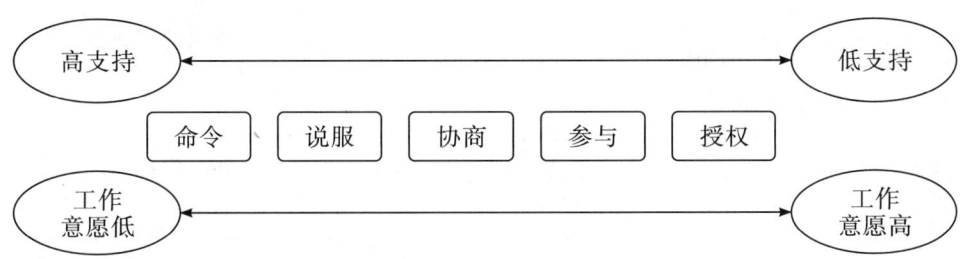

图3-7　团队意愿与领导方式的关系

(三) 领导方式的内容及适用范围

1. 命令

领导者对下属实行完全的管控,通常以下达命令方式指导团队工作。如:"小吴,请你给顾客投诉记录建一个档,必须在第一行标示出……第一列……"

2. 说服

领导者对下属实行较松的管控,一般以说服方法让团队成员进行工作。如:"小吴,为了提高我们的工作效率和服务水平,我们要建立一个电子顾客投诉档案,你看你能不能胜任?"

3. 协商

领导者与下属进行平等的交流,一般在开展工作时采用讨论的方式。如:"大家觉得为什么要重视客户投诉,我们对顾客投诉建立电子档是在做无用功吗?"

4. 参与

领导者对下属实行充分商讨,最大限度地听取员工想法,促使员工参与团队工作的整个过程。如:"小梅,你认为客户在购买产品时会考虑哪些因素?我想听听你有什么想法。"

5. 授权

领导者赋予下属权力,让下属进行决断,解决权力以内的问题。如:"小强,市场部需要了解客户需求,你了解一下,做一个报告。"

这五种领导策略的适用范围及内容如表3-3所示。

表3-3 各种领导方式的适用范围及内容

领导方式	适用范围	内容
命令	紧急情况/危机境遇,当你不得不实施上层的变革时	没有商量就告知他人要做些什么
说服	向你的团队介绍变革的目标	指出这一想法的益处,希望得到别人的同意
协商	了解人们对变革目标的反应,做决定前收集信息、听取意见和获得解决问题的办法	做决定前考虑他人的想法
参与	适用于变革的任何一个阶段,如共同确定变革目标、计划和实施变革(可能用于持续性变革)	与他人一起工作
授权	在变革过程中把任务分配给具备适当的技术、专业知识或支持变革的人,但是记住你要对最终的结果负责	把任务交给一个人或一个团队

创业团队领导者的两个极端领导方式是指令型和参与型。在从指令型到参与型的过渡过程中,强制性的指令内容逐渐减少,团队成员所掌握的决策权也越来越多。与领导风格相对应的话,指令型对应的就是专制型,参与型对应的是放任型,民主型处于两者之间是较难掌控的一种领导风格(见图3-8)。

图3-8 五种典型的领导方式

复习思考题:
1. 领导特质是与生俱来的,还是可以后天养成的?
2. 领导者与管理者的联系与区别有哪些?
3. 在大数据网络信息时代,应该如何提升团队领导力?

刘强东：什么是领导者的职责

京东，中国自营式电商企业，创始人刘强东担任京东集团董事局主席兼首席执行官。2021年全年净收入达到9 516亿元人民币，旗下设有京东商城、京东金融、拍拍网、京东智能、O2O及海外事业部等。2013年正式获得虚拟运营商牌照。2014年5月在美国纳斯达克证券交易所正式挂牌上市。2015年7月，京东入选纳斯达克100指数和纳斯达克100平均加权指数。2016年6月与沃尔玛达成深度战略合作，1号店并入京东。

2017年1月4日，中国银联宣布京东金融旗下支付公司正式成为银联收单成员机构。2017年4月25日，京东集团宣布正式组建京东物流子集团。2017年8月3日，2017年"中国互联网企业100强"榜单发布，京东排名第四位。2019年7月，2019《财富》世界500强发布：京东位列139位。2021年《财富》世界500强中，京东排名第59位。

不同的人对领导力的理解都不尽相同。作为一个实践中的领导者，京东集团创始人刘强东在清华大学苏世民书院的毕业演讲中，把领导者的职责定义为：首先是找到问题，然后是解决问题。

刘强东举了两个京东发展过程中的例子来说明这一点。2007年，刘强东注意到，在京东商城客户投诉中，有72%都同物流服务有关，客户经常会抱怨包裹的丢失和损坏，同时，送货的速度也很慢。而且，2007年，中国的物流成本占到整个GDP的18%还要多。物流成本的高昂，也挤压了很多公司的利润，因为要想在中国获得高效的物流服务，就必须支付高昂的物流费用。

找到问题之后，刘强东开始着手解决问题，方法就是建立京东自己的物流体系。这同当时电子商务公司普遍使用第三方物流的方式背道而驰。自建物流初期的投入成本相当高，但是，后来证明，自建的物流体系成为京东最核心的竞争力之一。到今天，京东在中国大陆有接近600个仓库。刘强东也相信，物流成本占GDP的比重，在未来会降低到5%以下。

另一个找到问题，然后解决问题的例子是京东金融业务的出现。2012年，刘强东发现，跟京东合作的很多供应商较难从银行获得贷款。于是，京东就开始启动金融业务，帮助供应商获得贷款。而且，由于京东能够获得这些供应商在京东平台上的销售数据和物流数据，因此，更容易判断这些公司的风险水平，在为它们提供金融服务时也就更有优势。

到今天，京东已经准备把物流和金融业务单独拆分出来，作为独立的业务发展。以上就是京东集团CEO刘强东对领导者职责的诠释：找到问题，然后解决问题。京东的物流和金融业务都是刘强东用这种方法建立起来的。

资料来源：搜狐网，2018，略有删减.

案例分析题：

从上述案例中你能获得什么启示？从中你学习到了哪些领导者的特质与职责？

从台湾长庚急诊医师集体辞职事件看"医管分工合治"运作之内幕

台湾长庚医院创立了"医管分工合治"的医院管理模式，备受大陆地区医院管理者的推崇，北京清华长庚医院也以此管理模式荣获2014健康界影响力TOP10第二名，并在2014百度健康大典暨百度健康风云榜评选活动中荣获年度"医院创新奖"。

清华大学副秘书长王志华在北京清华长庚医院开幕式上介绍说，清华长庚医院的"医管分工合治"是借鉴台湾长庚纪念医院的管理模式，实行医疗专业人员与管理专业人员分工合治的双轮驱动机制，有效地提升专业水平、改进管理效率。以院长、科主任为代表的医务专业人员，致力于提升医疗服务水平和医学教育与研究；以执行长、各行政部门主管为代表的专业化管理团队，全力配合、服务医疗部门的经营需求，全力推动管理制度和管理流程的优化，完善组织激励制度，降低组织管理成本，提高医院的运行效率，实现医疗与行政服务的职业化、专业化、精细化。

根据长庚医院官方网站上的资料，台湾长庚医院的主要组织构架见图3-9。

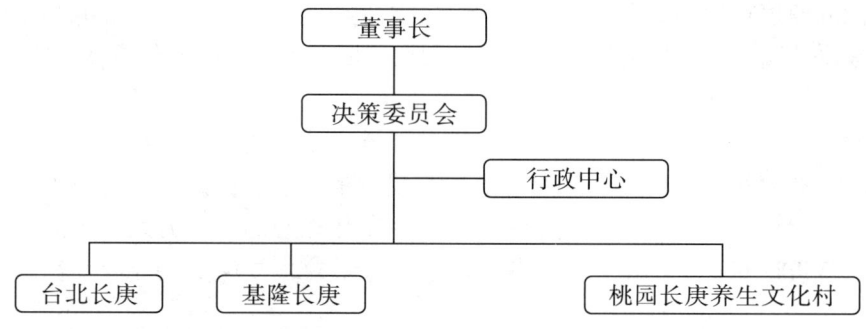

图3-9 台湾长庚医院主要组织构架

长庚医院最高单位是董事会，由台塑家族、社会贤达、长庚体系所组成，但以往运作主要靠决策委员会，历任主委张昭雄、吴德朗和陈昱瑞也都是著名医师。决策委员会协助董事会研究审议重要决策，并监督其他部门的执行，附设12个专业医务委员会，人员包括了各院区正副院长及行政中心正副主任。决策委员会正副主任由董事长派任。行政中心是决策委员会的常设执行机构，同时也是整个医疗体系的总幕僚机构和服务部门，正副主任及执行长均由董事长派任。

从官方的组织架构图来看，正如清华大学副秘书长王志华所介绍的那样，行政中心职能是"全力配合、服务医疗部门的经营需求"，但这种管理模式真有各种报道中所描述的那么美好吗？作为医管分工合治模式的创始者，台湾长庚医院是如何运作的？在权力设置上，是"医"大，还是"管"大？2017年台湾长庚医院急诊医师集体辞职事件为我们揭开了这种模式的实际运作内幕。

2017年6月，有台湾媒体爆料，在"台湾急诊"的LINE群组中，有医师贴出对话截图，林口长庚医院急诊科已经有23位医师递出辞呈，而且可能会多至40人。此次事件之所以吸引台湾媒体及医劳盟（医疗劳动正义与病人安全促进联盟）的极大关注，是因为林口长庚医院是医学中心，必须符合重度级急救责任医院标准，以长庚的急诊规模来看，约需要45名专科医师。林口长庚急诊科是台湾地区排名第二拥堵的急诊科，仅次于台大医院，急诊治疗超过48小时的患者占了3.9%，因此大量急诊医师辞职会严重影响区域内患者救治能力。

针对此次事件，林口长庚医院急诊科医师发布了一个完整声明，并得到了其他医院大量急诊医师的声援。长庚医院为进一步平息各界质疑，请回一手创造急诊专科制度的医界大老、曾在长庚服务30年的首任决策委员会主任张昭雄出任董事，并召集成立董事与革新小组。但张昭雄在几个月后却含泪辞职，其表示"身为医者之核心价值及医院治理理念与董事长的期待差距太远，难胜任所托"。所谓董事长的理念是指行政中心与决策委员会平行，均隶属于董事会。张昭雄与每位中生代医师深谈发现，行政中心的行政职能越来越弱化，但权力却极大化，医院氛围变成"行政凌驾医疗"，行政很不尊重医疗人员的意见，例如有医师向行政中心建议被退了四次，但回复都只写"退件"两字，未附上任何理由。

根据后续的深入调查，进一步揭露了长庚医院在管理模式上的严重问题。急诊部部长邱德发在加护病房看诊时，院方一通电话，10分钟就将他免职，且名下所有病人随即消失在系统中，全然不顾患者诊疗流程的连续性和患者诊疗安全；以莫须有罪名惩处两名急诊科主任，却无任何证据，后在律师干预下撤销处分决定，向社会大众道歉，并宣布撤销急诊部原受惩处所有人员处分，从中可见行政管理上的独断与随意以及对患者权益和医师工作权的漠视。在事情闹大以后，医院董事会为转移矛盾，宣称决策委员会主任李石增对此承担全责，并已主动辞职。几日后，决策委员会主任李石增却召开记者会表示，"两位前急诊主任免职后，引起全体急诊医师联署并酝酿集体请辞，董事长王瑞慧见事态严重，为求自保，竟然牺牲本人，声称本人已先行辞职，让我成为代罪羔羊。"记者会后，有大量民众前往卫生福利部声援，要求卫福部出面介入。

按照长庚医院的官方说法，"基于对专业的尊重，历任董事长向来对有关医疗部分皆全权授权由决策委员会统筹。决策委员会跟董事会的差异，是主任委员获得很多授权，包括医疗的服务，院长、副院长的任命，董事会尊重主任委员的推荐。而医师任免，事实上是由人事评议委员会决定，不是以一个人来做任何决定的。"但实际上董事长的一个电话就能决定医师处分、决策委员会主任的撤职，这暴露了长庚医院行政凌驾于医疗的严重问题。

此次长庚风暴核心在于"过度强调绩效"与"行政凌驾医疗"的营运模式，严重影响全民就医权益。台湾急诊医学会也发出声明，"急诊是抢救生命的第一线，全国医学中心急诊更是守护紧急医疗体系最后防线，医院经营者不应纯然以财务营收来否定急诊的功能与急诊医师的贡献"。台北某医学中心高层指出："现在的长庚营利、行政挂帅，医界已经习以为常。以往长庚行政辅助医疗，医生在某些时候还省事，但现在长庚行政中心主任、特助等行政人员，权力一个比一个大，甚至高于院区的院长、副院长，外界难以想象，医疗专业完全不被重视。"甚至有前卫生署长杨志良公开呼吁："长庚经营管理者违背了创办人王永庆设立长庚的初衷，未达设立宗旨，应解散董事会。"

长庚医院急诊医师集体辞职事件，引发外界对于其营运、财务管理等决策是否营利化，及是否影响民众就医权益之疑虑。为厘清该法人运作情况及民众就医权益保障等事项，卫福部依医疗法第34条第5项规定，邀集医疗、法律、财会及健保等专家，并与社会公正人士、民间团体代表共16人，组成长庚医疗财团法人项目检查小组，于2017年11月20日公布了调查报告内容，并将要求长庚医疗财团法人于一个月内提送改善报告，并优先完成以下重点事项：

1. 医疗财团法人董事会必须制定"治理守则"，明确划分董事会之监督权与医院管理权，使医院经营回归专业治理。

2. 董事会成员应有医疗、财务、法律、公益服务等各层面之专家贤达，回归专业领导，不可流于"家族会议"。基于医疗财团法人之非营利本质并避免成为投资控股公司，不宜指派法人代表担任其投资公司之董、监事；而医疗财团法人所投资之公司亦不宜派人担任长庚法人之董、监事。因此，应尽速检讨修正董事遴选相关规定，并送卫福部审查。

3. 彻底检讨追求绩效之经营方式，本于医疗财团法人之公益性并善尽社会责任，提出将其盈余用于增补人力、改善员工薪资福利，积极投入医疗与社会公益之规划。

4. 检讨修正相关人事管理规则及作业规定，建立医师遭免职辞职惩戒之救济管道，并应有一定之缓冲期或配套措施，以保障病人就医权益。

基于现行法律，长庚医院和管理模式是完全合规范的，但为了挽回日益受损的形象，长庚医院已全盘接受卫福部的要求，表示长庚代表将请辞台塑关系企业董事，所有持股人也不行使董监事与选举投票权，长庚董事中的三位企业代表也会退出，决策委员会由各院区院长组成，没有行政人员。

资料来源：从台湾长庚急诊医师集体辞职事件看"医管分工合治"运作之内幕[EB/OL]. 医管探索，2020年.

扫码观看视频

董明珠：谁说我霸道

　　从视频中可知，整个采访过程穿插了对董明珠创业、管理经历的介绍，突出体现了董明珠的领导风格和领导理念。董明珠对自己的管理模式进行了阐述，其中涉及的长远考虑、市场分析、管理体系建设、领导模式等内容都值得我们思考。视频中领导和管理的内容交叉较多，可以依此回顾领导者和管理者的区别与联系知识点。

第四章
合理授权

内容提要

随着新知识经济时期的到来,组织的外界环境发生快速的变化,企业之间的竞争更为激烈。为了更好应对外界环境改变所带来的机遇和挑战,组织要进行合理的授权,以解决项目的复杂性所带来的问题。本章节将阐述授权的基本概念、授权流程,以及授权后评估机制,初步建立授权的整体框架。

第一节 什么是合理授权?

一、授权的含义

(一)概念发展过程

经济全球化使得企业之间的竞争更加剧烈,企业为了提高竞争力,缓解外界的环境剧变带来的压力,管理者通过采取授权的有效方式来提高企业的竞争力。这样不仅可以减轻管理者的负担,也可以提高企业的效率,以保持自身的优势。

在20世纪80年代,有许多学者对授权进行了大规模的研究,发展到今天,授权的概念得到了不断的完善和丰富。

授权型领导的概念最初是由曼斯在20世纪90年代提出来的。韦伯字典中对授权的含义进行了阐述,授权是指受到委托或把自己的合法权力赋予某人。在1983年,肯特认为,授权的关键是委托与决策权的分散,授权形式包括质量管理小组、目标管理、领导为下属设定目标。斯里瓦斯塔瓦等学者通过对授权的进一步研究,将授权型领导定义为:

直接管理者通过对其所在团队下属授予生产、经营和管理各类职能和权力的一组管理行为。同时通过研究发现，领导者通过向下属授予权力，可以提高员工的内在工作动机和自我价值实现的满足感。通过授权，能进一步提高员工的工作积极性，促使其更努力更出色地完成自己的本职任务。

然而，这些定义并不完善，还有很多重要的问题没有得到解答，随着社会的发展和现实的需要，授权理论仍需要不断得到完善，许多学者从其他角度挖掘并完善授权的定义，主要分为情境授权和心理授权。接下来将会从这两个角度进行进一步的解释。

（二）情境授权视角

国外学者在情境授权方面研究了领导者的授权行为。领导者的授权行为是指组织或者团队中，有一定地位权力和名声威望的领导者，将权力进行下放，采取的方式包括鼓励下属自我驱动、自我管理，组织成员进行集体决策，成员之间进行信息的分享，领导者为下属提供指导等方式。也有学者认为，组织领导者将权力授予下属主要是为了鼓励下属进行自我控制，培养自己独立行动的能力，以提高下属的自我管理能力，成为更理性的自我。

国内有学者认为授权行为的核心是领导者，研究的重点是领导者的授权行为，注重的是通过与下属共享信息，下放权力，让下属对项目工作的执行具有管理权和决策权，并为项目活动的实施承担相应的责任。

总的来说，情境视角的授权是指上司将权力下放给下属，给予下属自主权，由下属通过一系列的手段提高个人和组织的工作绩效的一系列活动。

（三）心理授权视角

心理授权视角最初是由康格和凯南格这两位学者在1988年提出来的。这两位学者认为组织通过授权，能让员工在实践中有更大的积极性、主动性，而且能够明显提高员工的绩效期待值，给予他们实现自身价值的满足感，找到团队归属感，并且能提高整个组织的团体工作效率。从事研究心理授权的学者认为，在授权型领导的组织模式下，下属能感知到授权的存在，进而使下属受到激励，产生内在动机，提高个人积极性。还有学者认为，授权型领导的核心是，由创业组织或创业团队将职权有效赋予员工的领导行为，主要包括了以身作则、行为指导、信息分享、参与决策以及互动关心等方面的内容。

心理授权视角是从被授权人的个人方面进行思考，关注的是被授权人在授权的过程中的内心感受，主要是被授权人对工作控制的感知和对被赋予权力的感知，认为被授权人能感知到组织领导者的授权行为，并对此产生反应，是员工产生内在任务动机和提高工作积极性的重要激励因素。综上，心理视角的授权可归纳为团队管理者通过向组织员工下放权力来提高组织员工对权力的感知，以提高员工自身的内在动机水平、提高员工自我价值实现的满足感、提高个人对组织的工作影响力等，从而激励员工和提高员工的工作绩效。

（四）授权维度划分

既往学者从多个不同方面对授权进行了研究，其中对授权维度的研究发现为大众更好地了解授权及其内涵提供了重要参考。以下将列举具有代表性的授权维度划分。

1. 四维度的授权结构

四维度的授权主要是国外的学者在既有的授权研究基础上进行开发的，在心理授权方面应用得比较广泛，可用来研究授权型领导对员工创造力的影响，主要包括以下四方面的内容：①增强员工的工作意义性；②鼓励员工参与组织决策；③促使员工表达对高绩效的信心；④减轻科层对员工的约束，并增加自主性。

2. 五维度的授权结构

五维度的授权领导的理论架构研究出发点是团队的层面，主要包括以下五方面的内容：①领导者以身作则；②员工参与组织决策；③领导者帮助指导；④领导下属、组织成员之间信息共享；⑤领导者对下属给予适当的关心。

3. 六维度的授权结构

六维度的授权理论的授权维度划分具有代表性的有三个，分别是从个体角度构建的理论、从团队层面构建的理论和国内学者根据我国的文化情境进行划分的授权维度。

（1）个体角度的六维度授权主要内容包括以下六方面：①组织内领导与下属间的信息分享；②被授权者对授予权力承担责任；③被授权者能够进行自主决策；④被授权者能自我管理、发展技能；⑤组织领导者授予下属权力；⑥领导者对下属进行指导并创新绩效。

（2）团队层面的六维度授权主要内容包括以下六方面：①鼓励员工进行自我奖励；②鼓励团队成员之间相互合作；③鼓励组织成员抓住机会，积极思考；④鼓励组织成员参与组织目标设定；⑤鼓励成员进行自我规划、自我发展；⑥鼓励成员进行独立行动，培养自主能力。

（3）中国文化情境下的六维度授权主要内容包括以下六方面：①对下属进行权力委任；②领导者对过程进行控制管理；③对员工个人发展提供支持；④领导者为下属提供工作指导；⑤领导者对结果和目标进行控制；⑥支持员工参与团队决策。

以上是国内和国外的学者基于自己的研究视角对授权进行的不同维度的划分。通过了解授权维度的划分，可以进一步了解授权的组成要素和重要内容，以及影响授权的重要因素。需要注意的是，授权维度的划分不是绝对的，没有正确与错误之分。组织或者团队对授权维度进行划分的时候要尊重客观规律，根据组织或现实情况，选择最适合本团队的授权维度，以提高下属在组织中的参与度，提升下属的工作信心，增强下属对组织的归属感。

二、授权的作用

有学者指出,授权行为同时具有积极作用和消极作用,即具有"双刃剑"效应。授权包含两种机制,分别为赋能过程和负担过程。在赋能过程中,授权行为可以增加下属的自我效能感,负担过程则会增加下属的工作压力,为了更加全面地研究授权对团队和个体的影响,要同时考虑授权的积极和消极作用。通过了解创业团队授权的积极作用和消极作用,可以帮助创业团队的管理者进行合理的授权,为授权的顺利进行做铺垫。

(一)积极作用

组织中的授权行为的积极作用可以从团队角度和个人角度进行分析。

从团队角度来说,授权对团队的绩效有着积极的作用。有研究表明,企业绩效和团队领导者的授权行为有着正相关的关系,原因是企业的管理者对下属给予高度的信任,相信他们能够战胜困难,有足够的知识和能力去进行挑战,迎接机遇,这一种信任感也使团队之间关系更加和谐,进一步推动了团队成员之间进行信息交换、团体合作与共同决策。

领导授权行为通常通过两方面的途径对组织整体的绩效产生积极的作用,一是激发团队的动机,二是优化团队互动的过程。前者是通过心理授权来影响团队成员行为,通过团队内部授权给予成员工作自主性,成员们能在工作中感受到更多的工作意义和自己在团队中的存在感,发现自己对团队的影响力,找到实现自我价值的满足感,所以,成员们会更加愿意投入工作中,为团队做出更多贡献,提高团队效能。后者往往是协调授权活动的各方面的内容(组织成员之间的信息共享、组织管理者对成员提供指导帮助、管理者对团队活动的进程和目标进行管理等),使得团队的互动更加有效,优化组织效率,提高创业团队的整体绩效。有学者认为,团队通过对项目任务进行协调,从而为实现组织的目标提供了具体的途径。比如,新产品的开发、宣传与销售团队等各关联单位,通过举办定期或者临时性会议来共享信息、分享见解,帮助团队成员共同讨论产品开发、宣传和销售问题,以及团队活动的任务计划、程序进展和目标实现情况,并对团队执行过程中的方式方法及策略进行优化。

从个人角度来说,组织的授权领导行为的积极影响主要从员工的工作意义感、员工的工作行为和员工个人的工作绩效来说明。对于员工的工作意义感,团队的领导授权行为赋予员工责任与权力,通过鼓励员工参与团队决策、自我发展、自我管理和自我创新,为团队营造了一种具有高度自治性的工作环境,这样,也使得员工在日常工作中有着更高的地位感知,感觉自己被需要、被尊重和被重视,自然也就觉得自己的工作有着更大的意义。对于员工的工作行为,被授权的员工在从事复杂性的工作的时候,面对越是困难复杂的工作,员工在工作中的创新能力越强,对工作的影响程度也越显著,也就是说,授权对于下属的工作行为具有正向的调节作用。对于员工的工作绩效,编者总结文献资料时发现领导授权行为与员工的工作绩效是呈正相关的,员工在工作中感受到了工作的意义，幸福感增强，于是调整自己在团队中的工作行为，最终也就提高了个人的工作绩效，甚至是团队的工作绩效。

（二）消极作用

当授权行为不恰当时，将对组织团队和个体带来消极作用。

从团队角度来说，组织在特殊阶段、特殊时期进行组织内的授权，可能会产生团队内部成员抵制授权的现象发生，也就使得授权的积极因素无法发挥作用，如组织间授权活动进行不畅、成员间由于抵制授权无法实现信息共享、成员不接受领导者的管理指令等等，使得团队的绩效评估与团队工作之间呈现负相关的关系。另外，不同的授权类型和团队情境中差异化的授权，也会使得团队内部产生不和谐，使得其对团队的绩效产生负面影响。

从个体的层次来说，当领导授权行为在不适宜的时期，并采取不合适的方式时，就有可能发生员工抵制行为，如工作不积极、偷懒，进而降低员工的工作绩效，甚至影响团队整体的活动进程。研究表明，这也有可能是领导者的授权行为导致员工对自身角色产生迷糊感，不理解其意义，使得自身的内部动机较低。

（三）合理授权

积极作用和消极作用体现了授权的"双刃剑"效应，此外，授权可能存在"过犹不及"效应。"过犹不及"效应是指在授权过程中的那些积极因素发挥作用到了临界点的时候，积极变量和因变量之间不再具有正向关系，所产生的结果不是组织所期待的。这意味着，授权应该维持在一定限度，过度的授权对员工和组织或团队来说都是不利的。

综上，在团队的授权行为中，要特别注意扬长避短，积极引导员工和团队走向正确的道路，得到更长远的发展。

案例故事

"出师未捷身先死，长使英雄泪满襟。"读到这千古名句，人们自然会怀念诸葛亮。东汉末年，军阀混战，群雄并起。在诸葛亮出山之前，刘备即使有过人的才能，也只能俯仰由人，居无定所。但是刘备三顾茅庐之后，诸葛亮愿意出山，全心全意地辅佐刘备，助其成就霸业，他以敏锐的观察，一针见血地指出当时的形势，确定了刘备的发展方向。在辅佐刘备的20多年里，他临危不惧、神机妙算，刘备信任他，士大夫敬仰他，他的敌人畏惧他。但是，他最终因为积劳成疾，54岁就在五丈原离世。究其原因，虽然他自己称是鞠躬尽瘁，死而后已，但在很大程度上是他不知道授权。诸葛亮集行政与军事大权于一身，从行军打仗到皇帝身边的具体小事情，他都要亲自过问，在刘备去世后更甚于此。像他这样一身多任，不可能不累垮自己的身体，更何况也无法面面俱到，更遑论发挥下属的潜能了。最终导致自己的宏愿变成泡影。

第二节 如何进行团队授权?

一、授权前的准备

(一)授权者的选聘

团队的领导者在进行授权者的选聘时,最关心的就是,能否为项目选到最适合的人。因此,确定好选拔标准和选拔方式成为授权工作的重要准备内容。

1. 确定选拔标准

(1)被授权者需要德才兼备。在进行被授权者的选拔时,团队管理者要对被选拔者的综合素质进行考虑,看看被授权者是否具有责任心,是否具有吃苦耐劳的精神,是否乐于与他人团结合作,是否具有正确的世界观、人生观和价值观。同时,被授权者应该具有足够的专业知识,有能力去处理工作过程中出现的各种问题,还需要有一定的学习能力,可以根据外界环境的变化不断更新知识库。但是在现实中,往往会出现成员的德行与才能不能同时兼顾的情况,那么就需要从企业长期的发展角度考虑,尽量去选择相对道德程度较高、能力水平较好的成员,减少因为人员的选拔而给企业带来的消极影响。

(2)坚持被授权人员与岗位相适应原则。对于被授权者来说,需要处理团队中各种复杂的工作任务,需要有较强的协调能力与执行能力,那么就需要个人综合能力强的人。在人才的选拔过程中,要根据成员的能力特点,量才使用,选择一个能迅速适应岗位的、符合岗位要求的人员。这样不仅可以充分利用人力资源,还能以最小的机会成本,实现团队利益最大化。

(3)选拔被授权者要坚持整体的协调性。由于组织成员之间知识水平不同,个体之间会存在一定的差异性,那么需要团队管理者在进行人员选拔的时候,使他们能够扬长避短,在团队的工作中发挥出各自的长处,同时帮助他们弥补自己的短处,使得团队的员工与岗位呈现出一种协调的关系。

> **案例故事**
>
> 微软公司创始人盖茨与早期公司的其他领导注重将技术能力强的员工提升到经理职位。这个政策帮助微软赢得了相对于其他许多软件公司的独步优势——微软公司的管理层不仅是行业技术的领军人物,时刻掌握本行业技术发展的脉搏,还将行业技术与如何运用行业技术相结合,使微软公司最大限度地发挥了效益,微软的管

理层形成了一个懂技术、善于管理的团体阶层。例如微软集团的副总裁内森·梅尔沃德是普林斯顿大学物理学博士,师从诺贝尔物理学奖获得者斯蒂芬·霍金。他主要负责公司网络、多媒体技术、无线电通信以及联机服务等方面的运营。

2. 选择选拔方式

(1) 面试选拔。

虽然选拔的方式很多,但是面试选拔方式在当今社会中的应用依然十分广泛。在进行面试选拔的时候要注意以下几方面的内容。

①结构化面试主要有两种,一种是情境化面试,一种是行为描述型面试。就情境化面试来说,它更适合比较简单的职位和工作经验比较少的员工。就行为描述型面试来说,它更适合比较复杂的职位和具有丰富工作经验的应聘者。

②注意面试的构想效度。在面试方法的实际运用中,发现能够测量出应聘者的认知能力和识别其知识水平的有效方法,是具有高度结构化的面试,并且这个面试应该与工作相关联。相对来说,无结构化的面试简单灵活,应聘者的防御心理不强,更适合帮助面试官测量应聘者的人格因素,如人际交往的能力、综合事务能力和个人责任心等。

③注意面试方法的影响。比如有学者在比较面对面面试和电话面试这两种方式时,发现应聘者在面对面面试的得分比电话面试的得分高,而且先电话面试再面对面面试的应聘者得分反而高于先面对面面试再电话面试的人。

(2) 基于卡特尔16PF人格测评的选拔。

卡特尔16PF人格测评,是美国教授卡特尔在1949年根据人格特质理论编制的。经过几次修订,它被用于社会中各种领域的研究。卡特尔提出的16种人格特质,包括了乐群性、智慧性、稳定性、恃强性、兴奋性、有恒性、敢为性、敏感性、怀疑性、幻想性、世故性、忧虑性、实验性、独立性、自律性、紧张性。每个人的身上都包含了这16种特质,但是每个人身上的这些特质的组合不同,也就构成了不同的个体。

16PF人格特质对于被授权者的选拔和人力资源的分配起着很大的辅助作用。16PF的人格测评在日常实践使用中,有着以下几个方面优势:①16PF能在相同时间中测量人更多方面的人格特性,呈现多元性;②16PF主要面对的群体是正常人群,适用的领域非常广泛;③16PF不仅是个体的测量的优选,对团体的测量也是一个非常好的选择;④16PF所得出的结果是量化的结果,能大大减少面试官主观因素对面试结果的影响;⑤测评所用的时间较短,操作简便,实用性非常强。

人格测评应用的主要思路是,通过运用测评的结果,与组织选拔标准进行比较,筛选出招聘中的人格各个方面都达到要求的人员。需要注意的是,16PF主要测试的是应聘者的人格特征,并不是全部能力和特质的测试,可以作为选聘时的参考,但是不能起决定性的作用。

（二）确定授权范围

在确定授权对象的时候，确定授权范围是很有必要的，这可以让整个团队明确分工、提升工作效率。

1. 确定团队的任务计划

对于团队整体来说，首先要了解团队在企业中的定位。如果本团队需要负责的是财务管理，那么团队业务就是以利润为中心，在人力资源、投资和产品研发等方面进行管理规划。如果本团队属于企业的战略管理部门，那么团队任务就是对企业的财务进行计算，对资产运营方案进行设计，以及对整体的企业战略进行规划，并对需要投入的资源做好预算，对资源的使用做好规划。如果团队主要负责企业的运营，那么团队的目标主要是执行企业总部所下达的各种政策。对于团队的领导者来说，在明确项目团队所需要承担的任务之后，将总任务分解为更细的子任务，并对实行各项子任务所需要的人员、资金和物资做好计划和预算。

2. 规定被授权者的职权范围

在进行授权之前，团队管理者应将职权内容进行分割，确定自己需要负责的部分，将需要授予的权力下放。一般来说，管理者可以将那些日常的、重复的工作任务，和需要调查研究及数据总结的工作内容授权给下属。而对于关系到团队的生存和发展的关键决策权力，确定团队工作方向、制定团队管理制度等的工作权力，应该由团队管理者负责。

3. 明确授权原则

一是被授权者权力与责任相匹配，不能使被授权者权力大于责任，或者是权力小于责任。前者会造成资源的浪费，后者则会使被授权者在执行团队任务时受到阻碍。

二是管理者向下属授权不等于免责，虽然下属拥有了这一部分的权力，但是管理者对这一部分权力所对应的工作目标的执行依然负有责任。

三是被授权者要对团队任务的执行进行计划、预算和控制。

四是如果发生计划外的事项，被授权者要对计划外的事项向上级进行申报，由上级进行审批，但是审批的流程要尽量简化。

五是对被授权人员进行分层管理，关键事务由核心成员进行管理，一般事务则可以将权力下放给团队成员。

（三）增强团队成员信任

据长期研究，有不少学者发现，通过建立团队认同感可以提高团队工作效率和绩效。有学者认为，团队的认同成了团队成员之间的黏合剂和团队产出的驱动力，当团队成员之间存在偏见，成员在团队活动中产生冲突的时候，团队认同感会在其中发挥重要的作用。所以，在团队授权之初，建立团队成员的认同感，会给团队目标的实现带来意想不到的效果。

1. 构建团队信任

在团队信任的构建过程中，不能单方面、孤立地思考问题，要将构建团队整体信任当作一个有机的系统，统筹兼顾各个方面的内容。团队的信任，不仅包括组织成员之间、团队与成员之间的信任问题，还包括了组织与团队之间的信任关系。团队信任的构成主要包括四个部分。一是成果性，实现团队的目标是所有团队成员期望的事，成员们都希望自己的努力和付出是有成效的。二是一致性，指成员的言行是一致的，不会表面一套，背面又是一套，同时，成员对他人要恪守承诺，"一言既出，驷马难追"。三是品格诚实，成员为人要真实坦率，正直坦白，不为个人利益动私心。四是对成员抱有关怀的态度，团队应该是一个有温度的集体，在其他团队成员有困难的时候，成员之间要积极伸出援助之手。

2. 发挥团队认同的中介作用

团队认同是指执行特定活动团队的成员对其他团队成员情感上的认可和接受程度，具有判定成员在团队中是否拥有资格的情感意义。社会认同理论中提到，团队成员希望将团队类别进行分类，来维持自己良好的团队身份，不仅让团队成员找到自己对所在的团队的归属感，还认为自己的利益与团队是紧密相连的。

要通过调节团队的行为活动，使成员产生认同感，再将团队认同的调节作用在组织中发挥出来。当团队成员中出现负面行为，影响团队发展的时候，团队中的认同感就会让成员更加忠诚和信任，愿意为了团队工作而更加努力，与团队的成员建立深厚的情感，强化团队成员的自我认知，将团队的利益置于所有事务的首位，团队成员共同努力，使团队得到长远性的发展。

（四）建立授权的组织文化

在授权之前，创业团队的管理者有必要对组织文化的内容及特点进行了解，构建团队特有的组织文化，这样，可以为授权的进行创造良好的条件，提高授权的效率。

1. 了解组织文化

在组织行为学中，组织文化是指本组织区别于其他组织的、使组织具有自身特色的、由成员共享的一套体系。通常人们想起这个组织的时候，总能用一个词来总结这个组织的特点。组织文化是一个描述性的概念，它主要用于鼓励团队进行创新性活动，提高团队认同感，帮助团队成员协调合作，提高员工的工作主动性。对于组织团队来说，文化并不是统一的，有主文化与亚文化、正规性文化和非正规性文化、组织文化和民族文化等之分。组织文化不仅能起到将一个组织和另外一个组织划清界限的作用，而且它蕴含了团队成员之间彼此的认同感，它能作为成员之间联系的纽带，将团队成员紧紧地联系在一起，使团队成为一个联系紧密的整体。

2. 构建组织文化

西方与我国学者在研究组织文化的时候，提出组织文化不仅要处理外部环境变化和内部资源整合过程中出现的种种问题，还要在处理这些问题的时候形成本组织的各种规范，并且在这些规范运行的时候，能够引起成员的观察与思考。也就是说，组织文化的构建必须要与外界环境联系起来，在环境变化过程中不断调整，以更新本组织的文化。

（1）构建以人为本、充分开发人力资源的管理文化。在新知识经济时代，世界各企业的竞争方式也发生变化，不再只是传统的以资源、技术为主的竞争，人才已经成为各企业之间竞争的最重要影响因素，如今企业之间的竞争不仅包括了传统的竞争行为和管理方式，还包括了知识与技术。所以组织在进行文化构建的时候，要将人力资源的管理作为重点，兼顾以人为本的理念。只有在管理中坚持以人为本的理念，才能使团队的成员感觉自己成为团队活动的主体，提高对组织的凝聚力，使得人力资源在市场经济的作用下，将其价值发挥得更加充分。

（2）构建共享型的、在组织中形成尊重他人和相互学习的文化。定期在团队中开展知识经验分享会，让具有高素质、文化丰富、经验充足的成员分享自己的所思所得，降低组织之间沟通交流的成本，提高团队的知识共享效率。同时创造一种宽松的学习环境，让团队的成员敢问、敢学，以最饱满的精神状态，自信从容地投入到团队工作中去。良好的组织学习环境，不仅能使员工的身体得到放松，而且精神上能减轻员工工作过程中的压力。

（3）构建学习型组织文化。学习型组织文化是一种全新的组织文化形态，最主要特点是，在组织或团队中充分营造一种积极学习的氛围，使组织成员创新性得到最大程度的发挥，最大效率地利用自己的能力来实现团队活动目标。学习型的组织文化注重以能力培养为基础，培养团队的创新能力，使团队成为一个创新型团队。学习型组织更加注重团队的整体合作，这种团队合作的行动能力必定会大于个人能力的简单相加。学习型组织所提倡的学习并不只是理论的学习，更加注重团队成员在组织活动中不断学习各方面的技能技巧，使个人能力不断提高。这样一来，组织内的成员就能得到不断的发展，人力资源管理部门也能根据组织成员的学习能力进行考核、激励，使组织的目标愿景最终能转化为实际性的成果。学习型的组织文化的重要内容不仅包括团队成员的创新性学习，还包括团队管理者发挥的建设性作用。学习型组织的领导者，不仅是组织的设计师，还是组织的教练员。团队项目需要领导者控制好组织的方向，整合组织要素，确定组织发展的理念、价值观以发挥组织的整体功能，调动组织内的一切积极因素，不断调整组织战略，保障组织内资源的有效配置。

（4）构建兼顾社会效益与经济绩效的组织文化。构建组织文化时，要寻找组织内的共同价值观，使它成为组织行动的一面旗帜，成为一种组织行动的模式，以促使组织活动顺利运行。通过实现生产活动获得利益，是每个创业团队的目标，但是不能忽略在实现组织经济效益的同时，要履行社会责任。这样才能为组织树立良好的形象，推动组织的发展。

3. 组织文化与授权

构建以人为本的管理文化，有利于对下属的权力委任，有利于员工个人发展，为授权奠定基础。构建共享型的、在组织中形成尊重他人和相互学习的文化，不仅可以使团队内的成员进行有效的信息交流，拓宽他们信息来源的渠道，形成积极思考的习惯，还可以进一步鼓励团队成员之间进行充分的合作，鼓励他们参与组织的目标设定，为授权提供支撑作用。构建学习型的组织文化，有利于创业团队打破传统的思维方式和价值观，帮助团队根据外部环境的变化特点，形成自身独特的、与一般创业团队不同的组织文化，充分发挥团队成员的自主性、能动性、创造性，为授权创造适宜的环境。构建兼顾社会效益与经济绩效的组织文化，可以为授权提供标杆，形成本团队的共同目标，引导团队的发展。

（五）共享信息与知识

团队成员之间共享信息与知识，是团队内部充分利用信息资源、提高团队工作效率的重要措施。团队成员之间通过信息交流，为成员提供了丰富的异质性知识，提高了团队认知的多样性。这是因为团队在交流过程中，总会因个人知识水平不同、文化背景不同产生知识碰撞，产生激烈争辩，从而进行更深层次的交流，刺激成员产生创新性的想法。这种信息与知识的交流，不仅对个人提高知识水平有着积极的作用，还可以对团队创新绩效产生正面的影响。

二、授权进行时的影响因素

（一）员工的个体特征

员工作为授权的客体，会受到各种外界和内部因素的影响，会对授权的顺利进行有着很大的影响。所以，其个体特征是团队领导者在进行授权时必须考虑的重要因素。

1. 员工需求

通过研究员工的自身需求，我们可以进一步了解员工自身生理和心理上的因素对员工的工作动力和努力程度的影响，以及员工的工作与创新行为是如何通过内部因素发挥作用的。国内学者在马斯洛需求层次理论的基础上，对员工的需求展开研究，希望通过满足员工在团队工作中出现的各种需求，来提高员工的满足感和对团队的认同感，以提高员工的工作效率。

员工需求是指员工在团队生存时，所必须要拥有的东西，以及想要得到的东西。有学者经过资料的整理总结，将员工需求主要分为以下四大类。

（1）系统类的需求。员工希望有较高的工资和奖金，有完善的福利待遇，经过努力能得到职位的晋升、职位稳定等。

（2）工作类的需求。员工希望能实现自我价值，发挥自己的才能，用自己的所学所识迎接挑战。在充分运用好自己的专业知识和技能的基础上，通过不断学习新知识、新技能提升自己的能力，以解决工作过程中出现的各种问题。

(3) 成就类的需求。员工希望通过自己在工作中的付出，能将自己的成果转化为现实；希望在工作竞争中体现自己的优势，拥有一定话语权；希望在工作过程中体现自己的人生价值；等等。

(4) 人际关系类的需求。员工希望在工作过程中，能与团队成员建立起友好合作的关系；希望自己能得到其他团队成员的认同，找到自己在团队中的位置；希望自己能得到其他成员的尊重；等等。

当员工的基本生理需求被满足后，有了工作的基本条件，就能满足自己生活的基本需要；在基本需要得到满足之后，经济生活有一定保障，员工就能在心理上得到安全感。除此，员工还有着一定的社交需求、尊重需求和自我实现需求，当这些需求被满足后，员工在团队中就有了归属感，能在工作中有一定的地位，获得一定的权力。在员工的各个层次需求得到满足之后，员工自身会产生一种工作的成就感，能体会到工作的意义。由此，员工就有了完成工作的自信心和责任感，会积极改变自己的工作态度，为实现组织预订的目标而不断努力。

2. 人格特征

在进行人格特征对组织绩效影响的研究时，通常会用到人格五因素模型，人格五因素模型包括了稳定性、外向性、宜人性、严谨性、开放性五个方面。

(1) 稳定性。有研究表明，人格五因素中的稳定性，对团队的效能有着直接的影响。从团队整体看，成员拥有稳定性的特质，能帮助团队成员无惧工作过程中的压力和挑战，从容面对；当团队成员能稳定发挥的时候，团队整体的稳定性就会变得越来越高，团队内部不仅可以进行知识的共享和交流，能更好地进行团队合作，对团队的整体效能也起到很大的促进作用。

(2) 外向性。外向性可以帮助团队成员加深对团队任务的理解，加强对团队队友的认知，还可以进一步提高团队的合作度，同时它也对团队的效能起着直接的预测作用。但是外向性对团队成员提高个人的知识技能的帮助较小。

(3) 宜人性。宜人性高的团队成员在团队活动中更具有合作性，乐于在团队中展现自我，有较强的责任心。对于宜人性高的管理者来说，他们会创造一个可以让团队成员加强信任与合作的、更好的工作环境，会更希望将努力转化为成果，向团队成员表达较高期望，促使成员之间更好地进行互动；还会敏锐地捕捉下属的需求，与下属分享更多的权力。

(4) 严谨性。具有较高严谨性的团队成员能更好地理解团队内的成员，在拓宽知识技能维度方面具有正面的作用，对于预测团队的效能起着一定作用，但是对团队的合作交流没有显著的作用。

(5) 开放性。开放性高的团队成员更乐于接受外界的信息，愿意随着外界条件的变化不断地改善自己；也更乐于接受他人对自己的评价，并积极改正自己的不足，有着更包容的胸怀。

3. 员工信任度

根据学者的研究，下属在团队的工作中，获得知识和权力的一个重要条件就是获得上级的信任。国内的学者在信任行为角度进行思考，发现授权是一种信任类型的行为，团队中上级领导对下属的信任很大程度会影响到授权活动的进行。领导者对下属的信任程度越高，对领导者的授权行为的正面作用的发挥越有效。员工的专业能力、知识水平和经验的丰富程度，很大程度上决定了领导的信任程度。同时，被信任的员工的决策能力、对工作流程的熟悉程度和解决问题的方式方法等，都会影响领导者对员工完成项目的工作能力及工作意愿的评估。

（二）领导者的特征

领导者是授权的主体，在进行授权时充分考虑领导者的特征对授权的影响，能让授权得以顺利进行。

1. 基本特征

领导者的基本特征主要包括性别、年龄、职业等。国内的研究主要是寻找团队领导者的性别与授权行为之间的关系。国内学者在生理性别理论的基础上，从社会文化因素角度进行调查研究，发现女性管理者的授权型领导行为与男性的管理者相比，女性管理者更愿意将权力授予下属。但是外国的学者经过研究认为，总体上来看性别对授权的行为没有显著的影响，仅在两个维度上男性的领导者得分低于女性的领导者，也就是鼓励自主决策和强调责任。

2. 个性特征

领导个性特征包括了长期结果考量、自我牺牲和精神控制愿望等。国内一些学者从领导者个体性格特点的角度入手，通过公开发布问卷调查，对长期结果考量和自我牺牲精神对授权行为产生的影响展开研究，发现在正常情况下，只有长期的结果考量对领导者的授权行为有着积极的推动作用，在非正常情况下，当环境具备极大的不确定性因素时，自我牺牲才存在于授权行为中。还有学者从授权风险角度进行研究，发现任务绩效、组织利益以及权力地位的风险等都会对领导的授权行为产生负面的影响。

3. 权力距离

权力距离是指社会中的权力分配不平等的程度。领导与下属之间的高权力距离，使成员更容易接受人际关系上的不平等，也更适应制度化的组织。对于有着低权力距离偏好的成员，他们希望在人际交往中能最大限度地减少不公平情况的发生。形成高权力距离的主要原因是，领导者希望自己在权力的掌控中有一定的权威，希望在团队中巩固好自己的权力，成为一个有权力的团队管理者。对于一个企业组织来说，上级与下级之间需要保持一定的距离，以增加上下两级交往过程中的理性。但是相对于高权力距离来说，低权力距离的领导者更希望能与下属进行积极的互动，与下属一起参与到决策中去，更愿意在团队中共享信息分享自己的经验，帮助下属完成工作任务。

（三）组织环境

组织环境的一些因素，会对组织的行为产生直接或间接的影响。在组织存在工作压力的情况下，成员会使用现有的资源去获取新资源以减少资源的净损失。在这种情况下管理者会比员工面临更大的压力，他们会面临更复杂的情况，这时他们会向员工授权，让员工分担自己的工作压力来降低资源的消耗，这是团队的管理者获取资源的重要途径。

三、授权后的反馈

（一）是否把握授权的精髓

在授权过程中注意一些小细节，往往会减少授权过程中的阻力。一是要让下属在工作过程中感受到工作的意义；二是要让下属参与到授权方案的形成过程中去，提高他们的积极性；三是在授权时告诉他们做这份工作的要诀。

1. 是否让下属感知到意义

当团队的领导者决定以正式的形式发布授权给团队下属的时候，常常会出现这样一种情况：授权给下属较大的自主权去完成工作时，却不明确告诉他这项工作的意义，下属可能会认为怎么做这项工作都不重要，从而会影响他们的工作态度和工作行为。所以一个明智的领导者在进行授权的时候，会善于站在下属的位置上思考，让他们明确做这一项工作的意义。例如，可以告诉下属组织非常重视这项工作，这项工作对公司的整体发展十分重要；领导者信任下属，相信他们有能力解决工作中出现的各种问题，这项工作的完成需要他们发挥才智，需要他们努力奋斗；让下属感知到他们是做这项工作最合适的人；当发生困难的时候，团队会给予足够的支持；等等。

2. 是否让下属参与授权方案的形成

许多团队的领导者通常是用一种"集权"的方式去向下属"授权"。这往往不会让自己下属产生兴奋感和积极性，反而会感到不愉快。有经验的领导者更多会采取一种亲切民主的方式向下属征询，引导他们，这样会极大鼓励被授权的下属，提升他们在团队中的工作积极性。

3. 是否向授权者传授工作的要诀

在向下属进行授权的时候，要向下属说明这项工作过去的情况，过去开展这项工作的动机，开展这项工作经常采用什么样的程序和形式，这些工作需要注意哪一些细微的细节，以上都可以给予他们相关的提示。

（二）项目跟踪与有效反馈

团队的领导者授权给下属的时候，为了防止授权的过程出现偏差，进行项目的跟踪和及时的反馈是很有必要的。

1. 项目跟踪

为了防止工作偏离计划的轨道，了解项目的进展状况，合格的领导者需要对项目进行跟踪。跟踪主要采取两种手段：一是在创业团队领导发布授权指令之后，亲自去观察项目执行的状况；二是领导者在进行授权命令发布的时候，与下属商量好时间，让下属定期汇报项目执行的进程和情况。进行项目跟踪的主要目的是：了解项目是否按照原计划执行，项目执行过程中是否有意外情况出现，对下属执行项目的效率进行考察，查看下属在执行项目的时候是否充分发挥自己的创造力，反思检查领导者发布授权指令时的技巧，等等。

2. 有效反馈

下属在进行项目执行的时候，往往希望领导能给予一些反馈，从而可以反思自己的工作方式、工作方法等是否存在误区，或者希望领导者对于自己的出彩之处可以进行表扬激励，以提高自己的信心。下属们总是更容易接受积极的反馈，而消极的反馈则需要有技巧地进行。在进行反馈的时候要注意说话的方式。在授权的同时，必须进行有效的指导和控制。领导者若控制的范围太大，管得太多，可能会有难以控制的情况出现，这时，就需要领导者适当地进行放手了。

案例故事

《韩非子》一书中有这样一个故事：鲁国有个人叫阳虎，他常说，如果君主英明圣哲，见解高明，他的臣子就会尽心尽忠，别无二心；君主若是昏庸无能，他的臣子就会态度马虎，玩忽职守，甚至表面假意相待，敷衍应酬，暗中却欺骗君王，谋取私利。阳虎的话激怒了鲁王，因此被驱赶出了鲁国。他跑到齐国，齐王对他不感兴趣，于是他又逃到晋国，赵鞅十分欣赏他的才能，封他为宰相。近臣向赵鞅劝谏说："听说阳虎私心颇重，怎能用这种人管理国家大事？"赵鞅答道："阳虎可能会寻机谋私，但我将严加提防，阻止他这样做，只要我拥有不致被臣子篡夺的权力，他就不能达到目的。"在某种程度上来说，赵鞅控制了阳虎，使他不敢有所逾越；阳虎则在相位上实现自己的抱负和发挥才能，倾心辅佐赵鞅，几乎使其成为春秋时的霸主。

（三）设立绩效标杆

在进行项目的授权时，一些管理者往往认为将权力下放之后，就已经完成了自己的任务。这样的做法容易使下属不知道该怎么去完成项目，或者说不知道项目需要达到一个什么样的效果。这种情况下，缺少阶段性的绩效考核，无法激起员工的工作积极性，让他们在工作中没有压力，最终也会导致个人效率的下降。在项目执行中设立可行、有效的绩效标杆，可以作为激励被授权员工的重要辅助工具。设立标杆时需要注意以下几个方面的内容。

（1）绩效的标杆要设在合理的范围内，过高或者过低的绩效目标会降低下属的工作积极性，只有确定合适的绩效目标才会有效提升员工的工作内在动机水平。

（2）绩效标杆必须是具体的、清晰的、可以测量的。这样可在阶段性的绩效评估时更客观，减少主观因素的影响。

（3）在设立绩效标杆时，可以同时制定相应的惩罚机制和激励机制。

第三节　授权后如何进行评估？

一、建立评估机制

（一）评估原则

为了使评估的过程更加严谨、有效，要坚持科学性、系统性、相对性、实用性原则。①坚持科学性原则是指在授权的评估过程中，要正确地认识授权的目的，评价指标体系要完备，以及各种因素的分析要准确。②坚持系统性原则是因为团队是一个复杂的整体，是各种因素相互作用的结果，在运作过程中要考虑各种因素的相关性、整体性、目标性。③相对性原则是指在授权的评估过程中会有不同的指标评价标准，但这不是绝对的，我们要客观评价，评价是有相对性的。④实用性原则要求授权力度的评价指标体系简单易行，操作难度小。

（二）评估体系

评估体系主要由三个部分组成，分别为：基本要素、评价要素、评价指标层。①评价体系的基本要素包括三个方面的内容：资源、能力与机制状态。②评价要素主要表示的是授权发挥的作用程度。③评价指标层主要是将需要评价的要素进一步细化，然后用指标表现出来，可以更直观地了解到在团队中授权的影响。

（三）评估标准

进行评估时，不仅要对定性指标和定量指标进行量化赋值，还要确定指标权重。①对定性指标进行量化和赋值。对于定性指标，可以将它的指标划分为不同的标准档次。然后采取隶属度赋值法来进行取值。在实际的运用中，通常是发放问卷、进行信息调研以得到主观的评价结果，然后将问卷中的定性指标分为几个档次，并在每个档次中选择分值范围。②对定量指标进行量化和赋值。主要是综合考虑行业的因素，选择组织中行业的中值与上限值，创建评价指标。③评价指标权重的确定。主要是为了表示指标对授权力度的影响因素，并在各个指标的赋值中赋予不同的权数。

二、评估的实施

(一) 评估人员

项目的评估不仅要从市场经济社会角度进行考察,还要从资源技术的角度进行考察。在这个情况下,就要邀请各个行业的专家参加,包括项目的干系人、项目的客户。在评估小组进行团队项目评估的时候,小组成员需要进行合理的分工,各有侧重点,在对项目进行审查之后提出建设性的意见。

(二) 评估对象

为了使评估内容完整,评估对象应该包括几个方面的内容:项目建设必要性、项目建设条件、项目技术、项目经济效益。

1. 项目建设必要性的评估

项目建设必要性的评估主要是要从宏观和微观角度进行,例如:是否有利于地方区域经济水平的发展,是否有利于国家经济发展的总体布局,等等。

2. 项目建设条件的评估

主要包括以下几个方面的内容:①支持项目执行的条件是否能满足正常活动的需要;②项目生产条件能否满足正常经营活动的需要;③项目是否已经经过批准。

3. 项目技术的评估

主要包括以下几个方面的内容:①项目执行过程中采用的技术是否成熟;②项目在执行的过程中,是否采取合适的项目技术;③采取的技术是否成本过高。

4. 项目经济效益的评估

一个项目完成之后,团队能否得到所期望的收益,主要考虑以下几个方面的内容:①如果没有得到期望的效益,是什么样的原因导致的?②会对企业整体造成什么样的结果?会不会造成企业的资源浪费?③会不会影响企业下一阶段项目的执行,会不会给社会带来经济问题?

(三) 评估方式

1. 信息资料的收集

在进行项目的评估之前,需要进行信息资料的收集,缺少了这一环节,项目评估活动将无法开展。信息收集的途径主要有以下三种。

(1) 评估人员进行实地调查。实地调查能使评估人员及时地了解到更多真实可靠的信息。

(2) 评估人员进行思考研究的重要信息来源。人们可以根据客观规律进行观察和实验，排除一些干扰因素，得到想要的信息。

（3）执行项目的管理人员及其成员对项目执行过程的资料记载。但是可能会出现记载的内容不全面，带有个人主观色彩等影响。

收集信息时要坚持准确性原则、全面性原则和时效性原则，得到的信息要真实可靠，又要全面完整，并且能够及时地供评估人员使用，实现其利用价值。

2. 个体谈话

通过个体访谈，创业团队管理者可以快速地了解到想知道的信息，并且面对面的访谈，不但能了解到一些在平时不能了解到的状况，还能使员工缓解自己的压力。个体的访谈对象主要是被授权者、组织员工以及团队领导者。可以通过他们了解授权之后团队的工作效率、工作氛围等发生了什么样的变化。

3. 群体调查

群体调查主要是对组织内部成员、上级领导、项目客户群体、专家团队等进行授权力度的调查研究。进行群体调查的优势是，能比较全面地了解授权之后的影响；群体调查受到个人主观因素的影响较小。但是，群体调查所耗费的时间成本和经济成本相对较高。

三、评估后调整

（一）调整授权对象

在对下属进行授权，对下属项目执行活动进行评价时，如果发现被授权人并不能很好地执行项目任务，项目执行结果不理想，就需要进行授权对象的调整。又或者发现被授权人的能力足够做其他更具有难度的项目，也可以对授权对象进行调整，让更适合的人来做这个职位的工作。再者，如果被授权人的个性是比较悲观的、消极的，或者是影响到了整个团队的工作状态、团队的工作氛围，也要调整授权的对象。

（二）调整授权范围

通常来说，当外界环境发生变化，项目的客户需求发生变化，以及项目计划出现内容的遗漏时，在项目评估之后往往需要调整授权范围。授权范围正式变更，包括以下几个方面的内容：项目范围说明书、项目变更请求、项目工作结构分解、相关合同文档。调整授权范围包括以下几个步骤：一是分析项目范围变更的原因。二是评估由于范围变更所引起的工作量、进度、费用等方面的变化，以及思考这些变化所带来的影响。三是根据具体的情况，制定并实施相应的解决措施。四是及时告知项目干系人，及时传递信息。五是实施授权范围变更的控制措施，并进行落实、跟踪和检查。

（三）建立动态调整机制

进行授权时，如果发现外界环境和内部环境发生变化，就要根据实际情况进行动态调整。调整时要遵循授权的基本原则，用创新的方法进行管理，并优化监管服务。

1. 遵循授权的基本原则

要选拔适合的授权对象，被授权者要有一定的专业能力和知识水平，能够处理工作过程中出现的各种问题。知识面广，对多种项目的流程较为熟悉，能实现职位的转换和快速的适应。同时坚持整体性原则，当组织整体需要对工作进行变动时，被授权者要根据组织整体的要求进行职位的变动。

2. 对授权的管理方法加以创新

要建立和完善团队中授权对象动态调整机制，就需要寻找新的管理办法。管理者可以对被授权者进行分类管理，对不同类型的人才实施不同的授权方法，同时要规范团队内部的授权程序。对于一些高技术型的人才来说，可以给予他们一定的便利，比如绿色通道，让他们能为团队的工作提供更多的支持。

3. 优化监管服务

加强对授权过程以及被授权者执行工作任务时的监管，优化监管服务，严肃被授权者的纪律，推动团队的授权动态调整机制。当被授权者出现违纪行为时，要严加处理，必要时可以更换授权对象。成立相应的监管服务机构，明确被授权者的责任主体，加强管理者的监督和被授权者对自身的约束和管理。这样可以对人力资源进行优化，以使被授权对象更适合项目的执行以及团队的发展。

复习思考题：

1. 什么是授权？
2. 授权可以进行怎样的维度划分？
3. 授权之前需要进行怎样的准备？
4. 哪些因素会影响到授权的进行？
5. 如何进行授权的评估？

国资委：央企集团公司对子企业要合理授权放权

3月30日，国务院国有企业改革领导小组办公室副主任、国资委党委委员翁杰明在完善公司治理机制、提升运转质量效能专题推进会上表示，央企集团公司要因企施策授权放权，原则上不再直接干预子企业的经营管理事项，该由子企业决策的权力要归位于子企业。"对于一些直接涉及子企业抢抓市场机遇的事项，即使集团公司确需审批或备案，也应当'特事特办'，明确时限、提高效率，坚决防止由于审批或备案时间过长，导致子企业贻误战机。"翁杰明强调。

抓紧配齐配强地方一级企业外部董事

作为国企改革三年行动的重点任务，完善公司治理机制、加强董事会建设取得重要阶段性成果。

数据显示，目前1.29万户中央企业子企业和2.63万户地方国有企业子企业已设立董事会。1 421户中央企业重要子企业落实董事会职权，其中95.2%的企业制定了具体实施方案。中央企业子企业、地方国有企业子企业实现外部董事占多数的比例分别达到99.6%、96.7%。96.9%的中央企业集团公司、98.5%的地方一级企业建立了董事会向经理层授权的管理制度。国有企业各级子企业经理层成员实现任期制和契约化管理的占比超过95%。

"目前国有企业已基本实现董事会应建尽建和外部董事占多数，下一步重在健全制度、建优机制、建强队伍，使董事会更好发挥经营决策主体作用。"翁杰明表示，上市公司要借鉴中央企业外部董事严格选聘和管理的好做法，做好独立董事的选聘和管理相关工作。国有企业公司治理示范企业、上市公司、"双百企业"、"科改示范企业"等要率先依法落实董事会各项权利，发挥引领示范作用。

他强调，要抓紧配齐配强地方一级企业外部董事，务必确保今年上半年基本完成任务。同时，要积极推进董事会向经理层授权。

原则上不直接干预子企业经营管理

中央企业集团公司对所出资企业的管控方式和授权程度，直接决定了子企业公司治理决策和运作空间，对子企业的活力有决定性影响。

"央企集团公司对子企业要合理授权放权，为子企业公司治理运作决策留足空间。"翁杰明表示，要因企施策授权放权，该由子企业决策的权力要归位于子企业，要针对不同行业、不同层级、不同股权结构、不同发展阶段的子企业，实施差异化、精准化授权放权。要推动授权放权清单化，并根据实际情况变化，定期优化清单、更新版本，便于操作。要把具体的经营决策权真正交给离市场最近的一线企业董事会、经理层。对涉及规模效应强、整体安全性要求高、市场一体化网络化的业务，要注重考虑整体利益与局部活力的关系，进行合理授权。涉及上市公司的授权，要遵守上市公司有关政策和规则。

翁杰明指出，要动态评估调整授权范围，对该加大授权力度的要及时加大，对出现重大偏差或严重问题的，要及时"熔断"或取消授权。

资料来源：中国证券报，2022年.

案例分析题：
你可以从这个案例中得到什么启示？在创立一个优秀团队的过程中需要注意什么？

提示： 可以从授权的准备角度思考。

拓展阅读

詹森维尔公司是一个美国式家族企业，规模不大，但自从1985年下放权力以来，企业发展相当迅速。公司CEO斯达尔的体会是："权力要下放才行。一把抓的控制方式是一种错误，最好的控制来自人们的自制。"

斯达尔下放权力的主要手段是由现场工作人员来制订预算。刚开始时，整个预算过程是在公司财务人员的指导下完成的。后来，现场工作人员学会了预算，财务人员就只是把把关了。在自行制定的预算指导下，工作人员自己设计生产线。需要添置新设备时，他们会在报告上附上一份自己完成的现金流量分析，以证实设备添置的可行性。

为了让每一个员工更有权力，斯达尔撤销了人事部门，成立了"终身学习人才开发部"，支持每一个员工为自己的梦想而奋斗。每年向员工发放学习津贴，对学有成效的员工，公司还发放奖学金。自从实行权力下放以来，公司的经营形势十分好，销售额每年递增15%，比调资幅度高出整整一倍。

近几年来，全球企业正在经历一场转折，即以前的家庭式企业中一人说了算的集中控制方式，逐步被分权和授权的方式所取代，随着企业规模的迅速扩大和全球化战略的实行，公司的管理者统管一切的方式不仅在方法上是行不通的，而且对于组织的成长来说也是有害的。适当的授权能使下属更加积极地参与到企业的运作和管理上来，从而有利于增强企业的竞争力。松下电器的创始人松下幸之助的话颇耐人寻味："授权可以让未来规模更大的企业仍然保持小企业的活力，同时也可以为公司培养出发展所必需的大批出色的经营管理人才。"有了这些人才，企业的发展就会如虎添翼，取得更大的成功。

资料来源：腾讯网，2022，编者略有删减.

扫码观看视频

郑跃文：接力的冲刺者

科瑞集团董事会主席郑跃文对投资具有长远战略头脑，相信理性和实践，在投资和制造业产业合并整合的过程中帮助被投资企业转变为现代企业的管理制度和思想，剥离没有竞争力的部分。但是在股份制公司中，科瑞集团作为投资方派去的人并不进入生产经营领域，只是负责制定战略和制度，帮助融资和规划大致方向，尊重投资主体，对投资主体进行合理的充分授权，用专业的人做好专业的事。视频中后部分通过种苹果、管理外企等例子，说明任何一代人都有有限理性，必须不断进行迭代。

第五章 项目执行

项目是一个特殊的即将被完成的有限任务,是在一定的时间内满足一系列特定目标的多项相关工作的总称。对于一个创业团队来说,项目是构成团队活动的基本单元。项目领导者需构建合理的项目团队、制订合理的项目实施计划。在项目推进过程中,管理者通过下达明确指令、拆分指令、使用"共同语言"、建立授权工作清单等方式助力项目推进。最后,还要进行项目执行后的评价。

第一节 什么是团队项目?

一、团队项目

(一)团队项目的概念

1. 项目

项目,来源于人的需求,随着人类社会的不断发展,人们把实现自己需求的活动进行分化。

项目是一个特殊的即将被完成的有限任务,它是在一定的时间内满足一系列特定目标的多项相关工作的总称。这个定义有三层含义:①项目是一项待努力完成的任务,具备特定市场的环境与条件要求。②在一定的组织或者机构内,利用有限资源(包括人、财、物等)在规定的时间段内完成相应任务。③各项任务的完成须满足团队要求达到的质量、数量、技术等各项指标。例如，举办一次宣传活动，进行一项课题研究，建筑一幢楼房，等等。

2. 团队

团队，又叫工作团队，是指在工作中为了能够达到某一具有确定性的目标，明确分工与紧密合作及由具有不同层次的权利和责任的成员共同构成的人群。其中，要求团队成员能够相互沟通并在工作目的和工作方式上达成一致意见，掌握最少一种技能，能够明确和分析问题并提出解决办法。

3. 团队项目

团队项目是指由2个或多个独立团队参与的项目（见图5-1）。团队项目一般在大型组织项目组合中出现，通常是组织要为客户团队和业务部门提供业绩，涉及多客户的项目都会产生一个团队项目。管理这种项目，可以让每个团队完成任务中的某个部分，最后再将工作成果"粘贴"在一起，使之有效。例如，IT部门有自己的开发软件的方法，机械工程部门也有自己制作产品的方法，两个部门的团队要一起工作来研制一种有软件功能部件的新产品，那么研制新产品就成了一个团队项目。

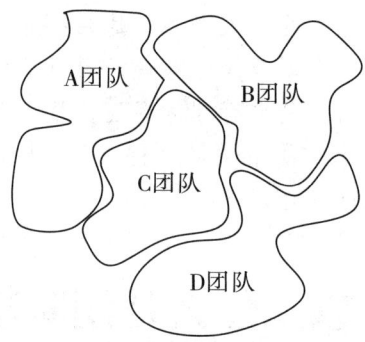

图5-1 多项目团队的组成

（二）团队项目的构成要素

团队项目主要由以下五大要素构成：活动序列、项目目标、时间期限、预算限制以及项目规格说明书。

1. 活动序列

对于每一个特定的项目来说，在执行的时候总是需要按顺序完成一个个活动，这些活动是根据技术、资源、管理要求等因素进行排列选择的，主要是由项目管理者根据实际情况，在考虑现实情况下，对项目的整体活动进行安排。根据活动自身的特点，可以分为独特的活动、复杂的活动和关联的活动。独特的活动，是指在项目运行过程中的各种活动方式是独特的，每次重复的活动项目中活动方式总会不同，这是在自然状态下随机发生的。复杂的活动，是指项目的一个活动不是简单性的或是重复一个动作，而是一系列需要统筹组织的复杂活动。关联的活动，是指两个活动之间存在逻辑或者技术关系，需完成的活动间有一定的顺序要求，一项活动的输出是另一项活动的输入，因此被认为是关联的。但是，为了完成项目，一系列不相关的活动也必须完成。

2. 项目目标

目标是一个项目必备的要素，不可或缺。对于单项项目来说，目标相对简单。对于大型的、极其复杂的项目来说，一个项目包含几个子项目，子项目本身也属于项目，也有自己的目标。先实现小目标再实现大目标，这样更有利于项目管理者进行管理控制。子项目从水平上定义可以分为部门、区域或者地域。将复杂项目进行人为的分解，通常是为了节约资源，减少部门在进行具体活动时的沟通成本。

3. 时间期限

项目的工期是有限的，过程是持续的。项目有着给定的完成日期。不同的项目种类，设定的完成日期是不同的。项目完成日期可以是由管理层自行设定的，也可以是由客户或者政府机关指定。项目的最后完成期限是创业团队中任何人都无法控制的，即在此期限之后，无论项目的工作是否做完，项目都将终止。给定项目完成日期的前提是项目开始日期已知，一般来说，项目经理只能给出项目的工期，但是，高层管理者往往只需要一个完成时间。

4. 预算限制

由于资源的稀缺性，项目还会受到客观条件的限制，如项目可以运用的人力资源有限，以及资金、技术或者机器设备使用方面的约束等。尽管这些资源可以人为进行管理和调整，但对创业团队的领导者来说，它们是固定资源。例如，某公司当时只有一个网站设计师，这就是项目经理可以获取的固定资源。高级管理层可以改变资源的数量，但是对项目经理而言没有富余的资源可以支配。如果这位网站设计师的工作日程已经排满，项目经理就面临着无法解决的资源冲突。

5. 项目规格说明书

客户或项目可交付成果的接收者期望项目能达到一定水平、有一定功能并且能保证一定质量，因此需要制定项目规格说明书。

虽然说明书是固定的，但实际会有很多因素引起规格说明的改变，如用户在项目初期可能还没有完全定义他们的需求，或者商业环境已经发生变化（一般在长期项目中出现）。因此，在项目生命周期中要求规格说明书固定不变是不现实的，一般都会发生变化，这给项目经理带来一定的挑战。

（三）团队项目的特征

团队项目一般具有一次性、目标明确性和整体性的三个基本特征。

1. 一次性

一次性的特征是创业团队项目特征最主要的内容。世界上没有完全相同的创业团队项目。尽管有些项目的目标一样，但是由于客观条件的限制，项目理念不同，会使每个项目呈现出自身的特殊性，最终呈现出的项目结果也会有各自的特殊性，两个目标不一样的项目更是如此。因此，要对项目进行管理，就必须认识到其特殊性，根据客观规律办事。

2. 目标明确性

对于一个要实现自身长远发展的创业团队来说，要实现长期的生存，就必须确定自己的组织目标，将整体目标分解为一个个项目目标。那么，为了能够促使一个组织高效率地完成项目目标，项目目标的具体性、明确性就变得十分重要了。创业团队项目的目标分为成果性目标和约束性目标。成果性目标是指对项目的主要产品功能提出要求，即按照项目设计方案规定生产出来的产品的技术规格、品种、生产能力目标。其中约束性目标一般是指对具体项目的限制条件的规定，如建筑工程质量控制标准、施工验收以及项目工程投产使用、工期等。

3. 整体性

一个目标就是一个整体，项目的整体性要求组织灵活地运用活动中各种有机要素，系统地对各个环节进行组织管理，从而形成一个完整的过程，实现整体优化，以达到项目的目标和组织的最终目标。

（四）团队项目的分类

一般来说，很多组织都会根据项目特征来对项目进行分类。常见的有以下几种分类。

（1）按风险程度分：可分为高风险项目、中风险项目、低风险项目。

（2）按商业价值分：可分为高商业价值项目、中等商业价值项目、低商业价值项目。

（3）按时间跨度分：可分为短期项目（3个月）、中长期项目（3~6个月）、长期项目（6~12个月）。

（4）按复杂程度分：可分为高难度项目、中等难度项目、低难度项目。

（5）按受影响的部门数分：可分为单一部门项目、少数部门项目、多数部门项目、所有部门项目。

（6）按项目层次分：可分为宏观项目、中观项目、微观项目。

（7）按项目性质分：可分为研究制造项目、技术改进项目、产品开发项目……

项目根据不同的分类原则，可以得出各种各样的分类结果。由于项目的一次性、目标明确性、整体性，项目的管理者必须要根据项目的自身特点和现实需要，选择最适合项目分类的方法以适应项目管理的需要。

二、项目团队

（一）项目团队的概念

项目团队，就是为了适应整个项目的实施及帮助项目有效完成而量身建立的管理团队。项目团队的具体工作职责、组织职能结构及资源配备等方面因项目具体性质、复杂程度、规模大小和工作持续时间长短而异,项目团队的一般工作职责是制订项目实施计划、组织、指挥、协调和风险控制。项目组织需要对项目的实施范围、时间、质量、风险、人力资源和人际沟通等相关因素进行多方面管理。

简单把一组工作人员调集在一个项目中开展工作,并不一定能形成团队,就如一个教室里坐着一群人,但这群人不一定能组成一个团队。项目团队是指一组同心协力的人员进行工作,以共同实现一个项目目标,满足每个客户不同需求。一个项目团队的正常运转,需要项目管理者做出努力,也需要团队中每个成员的积极主动参与。

(二) 项目团队的构成

从项目团队角色和项目团队领导职责两个方面来看项目团队的构成。

1. 项目团队的角色

所有成功的创业项目团队都具备如下基本管理特点:团队领导有力、目标明确、决策正确、实施迅速、交流通畅、掌握能使成员按时完成任务所必需的技能管理技巧,最重要的是找到一个利于团队持续向上发展的最佳成员组合。在建造一个新的设施时,可能需要大量的子团队、子任务及详细计划,需要对项目团队成员进行严格的专业训练,对团队成员有更高的要求,成员之间不仅要相互理解、相互协作,还要养成良好的工作行为习惯。除此之外,也需要团队管理者有良好的团队组织力,创业项目团队在进行人员管理时,角色设置和角色分配要进行两个方面的考虑。在进行角色设置的时候,管理者必须要根据团队整体的任务要求,将团队人员需要具备的各种因素综合考虑,包括团队成员的个人技能以及性格等方面的因素。角色分配则要求在管理者进行创业团队的授权时,充分考虑被授权者是否适合这个职位。

2. 项目团队领导的职责

(1) 领导素质。创业团队的领导者应该明晰自身的个人特点,成为一个促进者和激励者,使自己能在领导过程中发挥足够的影响力,如良好的预见性,或者决策时果断、勇敢的特点,这能帮助团队成员的潜能得到最大程度的发挥。

(2) 履行领导者的职责。项目团队领导者的主要工作任务和基本职责就是实现项目团队的目标。主要通过以下途径实现:选择足够的、合适的人选参与具体的计划制订;召开团队工作会议,就团队工作目标和整体价值展开讨论;通过集体确定工作的价值,达成共识,迅速并准确地分析和修正失误。

(3) 项目团队成员履行职责。创业团队所有工作成员都需要共同努力,使创业团队所有工作人员达到最佳发展状态,这关系到创业团队的生死存亡。团队成员不拧成一股绳、不团结,项目便难以成功实施。团队管理者要注意赋予全体成员相应工作职责,使每个人都能参与到其中去,并帮助他们提高自身的工作能力和自我管理能力。

(三)项目团队的特点

1. 有共同的愿景和目标

只有建立了创业团队的共同目标,团队成员之间有了利益关系的认同,才能使他们认识到只有团队成员共同完成这个目标,才能更好地实现个人的利益,这样,才能激发团队成员内在的工作热情,更能够激发出人的深层渴望。

2. 和谐的团队关系

塑造和谐良好的团队关系,可以帮助创业团队成员之间搭建良好的合作桥梁,减少工作过程中出现的人为阻力,降低团队工作所带来的时间成本。这样不仅可以使团队成员自身得到发展,还可以使团队整体达到一个良好的工作状态。

3. 有严明的规范和纪律

在进行团队关系建设过程中,保持一个团队的亲和力和人情味固然重要,但是建立创业团队的规范和纪律更加重要。只有不断完善团队的管理制度,才能更好地执行团队的项目政策。在员工工作完成得好时,给予相应的激励;但是当员工违反了团队工作的规定时,也要给予相应的惩罚,不能纵容他们犯错。

4. 合理的角色配置

良好的创业团队应该是共性与个性相结合的整体。在进行员工授权时要考虑如何使员工充分发挥自身的个性,发挥自身的创造力,而不能使团队成员为了完成工作任务,不断地牺牲自我。

第二节 如何执行团队项目?

一、项目执行前的准备

(一)识别项目干系人

项目干系人是指能直接或间接影响项目整体决策、活动和工作结果的个人、组织或群体,以及那些会受到项目决策活动或活动结果影响的个人、群体或组织。项目干系人是项目计划执行的积极参与者,会对项目实施或完成产生积极或者消极的影响。项目干系人通常是项目的客户当责者、负责者、发起人等,会在项目领导者下达指令时发挥重要的作用。干系人分析主要是项目的发起者系统地收集和分析各种关于团队项目的信息,可以了解他们对项目的目标、期望,为确定团队项目目标的实现做好铺垫。具体步骤为:

(1)准确识别全部潜在的项目干系人及其相关业务信息,并通过各种方式咨询关键项目干系人，寻找潜在的项目干系人。

（2）通过分析干系人对创业团队项目执行的支持度与影响力，对其进行分类，以有效分配人力资源。

（3）评估关键干系人在项目执行过程中对出现的各种问题的应变能力，增强他们的正向影响作用，减轻潜在的负面影响。

为了确保正确地识别项目的干系人、创业团队组织者或者发起人，可以向专家咨询，或者向企业内的高级管理人员、其他组织部门进行了解。此外，创业项目团队管理者还可以通过召开项目会议进行头脑风暴等多种形式，来深入了解和分析项目干系人的角色、知识、立场等相关信息，加强对项目干系人的了解。

（二）组建项目团队

组建项目团队首先要对创业项目团队成员进行预分派，分派过程中往往以谈判的方式进行，其次要进行招募、建设虚拟团队，最后要用多种指标进行决策分析。

1. 预分派项目团队成员

预分派是指创业项目团队的成员是事先选定的，创业团队的领导者已经承诺分派给他们特定的项目工作，分配的项目工作决定于预分派人员的整体专业性和解决实际问题的能力。

2. 谈判

在很多创业团队项目中，完成人员的正确分派通常都是经过谈判协商得以实现的。一般来说，创业项目团队需要进行谈判的目标对象是：①项目经理，主要是项目的责任人，确保项目执行过程中有充足的人力资源，确保团队成员能够在适合的工作岗位上完成工作任务。②负责执行组织任务的其他项目管理团队。③外部投资与贸易组织、原材料卖方和最终产品买方、供应商及贸易服务承包商等。在进行谈判的时候，要注意外部条件的变化，包括当地的政策法规、惯例、流程等。

3. 招募

可以在企业组织内部，或者向社会有关机构进行公开的人员招募。当工作量过大，创业团队组织内人手实在不足时，可以将团队内部分工作交由外界专业机构分担。

4. 建设虚拟团队

虚拟团队是指有着需要共同完成的目标，但在完成各自角色任务的过程中很少面对面进行工作的一群人，通常运用现代科学技术进行线上交流。其主要工作特点是：创业团队内的每个成员在工作时，可能处在不同的地理位置，有些成员是在家里办公的；团队成员的工作班次、工作小时或者工作日都有可能不同。虚拟团队可以执行那些因为差旅费过高而被否决掉的项目。

5. 运用多种指标进行决策分析

在进行创业团队成员的选择时，可以建立起一套标准体系，选择一些具有代表性的指标，并根据成员的表现进行相应打分，并注意分配好各个指标之间的权重。比如，可以选用成本、经验、能力、知识、技能、态度、地理位置等指标进行选拔。

（三）制订项目实施计划

（1）定义所有的项目工作。
（2）预估完成工作的时间。
（3）评估所需要的资源。
（4）评估执行团队项目所需要的工作总成本。
（5）对工作按照一定的标准进行排序。
（6）建立初步的项目进度表。考虑风险因素，制订风险管理计划。
（7）将项目计划进行分类文档化。
（8）最后将计划提交给组织高层审批通过。

二、项目执行全解析

（一）管理者下达明确的指令

要使员工能够高效进行工作，提高创业团队的工作效率，那么就必须避免不明确指令所带来的各种问题。尽管对于经验丰富的成员来说，有时候凭着个人经验就知道自己怎么执行上级所分配的任务；但是对于经验不足、领悟能力一般的成员来说，需要创业团队的管理者下达明确的指令，才能帮助他在团队活动中更好地执行任务。下达指令时要注意以下几个方面的内容。

1. 下达要求员工进步的指令

创业团队领导者向员工下达指令，主要是想将自身的经验传达给下属，让下属能够运用这种经验解决工作中出现的各种问题与状况。而这种经验需要下属不断地去学习，不断提高自己对他人的影响力，促进自我的成长，来完成领导者所分配的任务。具体的工作步骤为：

（1）选出一名想重点培养和重点提升的下属。
（2）列出他所需要负责的工作内容和职位。
（3）详细地写出这位员工完成任务所需要具备的能力。

案例故事

20世纪90年代初，世界各国经济陷入严重衰退，有无数的企业因此面临破产，甚至一些超级大公司也因此出现巨额的财务亏损。但是在这艰难的时期，美国通用电气公司却呈现出不同的特点。在这种艰难的经营环境下，美国通用电气公司能够实现营业收入和税后营业利润的增长，主要归功于总裁韦尔奇独到的企业经营管理战略。韦尔奇在接手公司之后，向通用电气的全体员工提出了一系列的企业价值观，要求他们做到：能够树立简明高效务实、以满足顾客需求为服务中心的观念；勇于承担责任和义务，有进取心；热心追求卓越，憎恨官僚主义及其种种弊端；对下放权力充满自信，坚持群策群力，广纳忠言；充满活力，激励他人；等等。他还要求员工寻找最佳实际作业的解决方式，让员工在全世界范围内不断学习和引进其他电气公司的设计制造营销和管理方面的优秀的实际工作管理方法和专业经验，以便于提高美国通用电气公司的实际工作效率。

2. 下达指令时要注意让下属明确团队的目标和了解下属的目标

创业团队要完成现实中各种复杂的任务，领导者在下达指令时，就需要注意根据现阶段创业团队所面临的情况、团队所处的立场和组织要求，制定出一个明确的目标。从时间跨度上看，这个目标可能是短期目标、中期目标或长期目标。比如一个月要完成多少销售额，每个季度要达到怎样的销售数量，或者在一年的时间里提高多少的市场占有率。对于下属来说，可能他们完成目标的动机不一致，但是创业团队的领导者可以通过了解他们目标的内在动机，找到激励他们的方式，加快下属实现目标的速度，提升他们的个人能力和执行力。

案例故事

美国沃尔玛公司在企业的经营过程中，就是要求企业员工坚持顾客第一，服务至上；坚持日落原则；实现"力求完美"等原则。坚持顾客第一，服务至上，使得员工在经营服务的方方面面都能坚持这一种核心精神，员工一律站立工作，增加对顾客的尊敬，令顾客更为舒适安逸，在购物的时候保持愉悦轻松的心情。坚持日落原则是沃尔玛从顾客的角度出发，满足顾客的各种各样的需求。"日落"是指要把顾客的要求在当日解决；沃尔玛一直要求员工力求完美，在做任何事情的时候，都能够从完美的角度出发，吸收新的管理理念和创新性的意见，为团队的发展进行更高效的服务。

3. 下达指令时运用 MORS 原则

MORS 原则是指 measured（可计量的）、observable（可观察的）、reliable（可信赖的）、specific（明确的）。

优秀的创业团队领导者在下达指令时都会将指令具体化，避免每个人对指令产生不同的理解。比如领导者要求员工努力完成工作，员工接受指令之后开始努力工作，但是他们并不理解要达到什么样的要求才算是努力工作，导致最后完成的工作质量参差不齐，最终也会影响整个团队的绩效。运用 MORS 原则四个方面的内容，可以帮助管理者下达合格正确的指令，以便于下属进行正确的行动。

（二）将指令拆解成可操作的具体能力

在现实的创业团队运作时，经常会出现这样的情况：团队的领导者认为自己下达的指令已经足够详细清楚，于是便没有进行过多解释。而领导者在下达指令之后，很多下属对指令的一些内容即使不理解也不敢问得太仔细，生怕会遭到领导的训斥，然后就会出现在执行任务时不得要领的情况。这个时候，领导者把指令拆解为下属可以理解并可以操作的具体能力就变得非常重要。拆解指令主要明确下属关于"做什么"与"做到哪种程度"的问题，主要包括以下几个方面的内容。

1. 指令包括的内容和维度

哈佛大学管理学家约翰·奈斯比特曾经提过下达工作指令要有艺术性，他说："指令下达之前必须对指令进行全面准确的界定。"其具体内容包括：①下达指令的原因；②指令的具体要求；③指令执行的监控者；④对指令落实情况展开调查的时间；⑤验收指令的时间和地点；⑥对指令实施思路的方向性的建议。

奈斯比特教授的建议有一定的启发意义，但是对于创业团队的领导者来说，这个指令的方法太过于复杂，不能在短时间内掌握好。那么"格里波特四分法"可以使领导者较为清晰、明白地下达工作指令。其四个维度是：

（1）时效维度。主要回答"任务在什么时候完成"的问题。

（2）成本维度。主要回答"工作执行需要用到多少成本资源"的问题，强调的是交代下属在团队的一项工作中可以运用的成本资源。

（3）数量维度。主要回答"团队成员需要完成多少数量任务"的问题。

（4）质量维度。主要回答"团队成员要达成什么样的质量标准"的问题。

根据"格里波特四分法"我们可以举一个例子。比如，企业组织要销售部门在本季度完成一定的销售量，那么销售部的领导者就可以这样下达指令："我们部门需要在这个季度末达到500万元的销售额，宣传活动要根据上级组织所给的预算进行，并且我们要在市场上打响本企业品牌。"

2. 遇到不确定性强的工作时，可以用假设句式帮助下属了解工作

在执行工作的时候，随着外界的环境不断发生变化，工作会出现各种各样不同的状况。当下属遇到不了解的状况时，可能会频繁地向领导请教，领导者又不得不即时回答这些问题。往往因为下属了解不全面，或者领导只回答了一部分的问题，又会产生其他的疑问，导致彼此之间的沟通时间成本非常大。面对这一类的情况，领导者可以通过写一封邮件来代替口头的交流指示，并且运用"如果……就……"这个句式来辅助。

比如，当领导者问下属这个月的订单是否到货时，而下属说没有到货，并问应该怎么处理，这时候领导者的邮件答复可以是：如果订单未到货，你可以联系供销商公司的小李，他的电话号码是123456；如果货物出现了问题，你可以联系本公司后勤部门的张经理。

3. 遇到周期性的工作时，可以建立工作安排表来下达指令

创业团队的日常工作有些是周期性的工作。对于周期性的工作，领导者可以通过建立一个工作安排表，明确不同时间段的不同工作的具体分配。这样不仅可以有效地利用时间，还可以减轻领导者的工作负担。这种做法其实也符合了"格里波特四分法"的原则，对指令进行了具体的拆解，对工作进行了有效协调和大大提高了下属的执行力。

（三）简化指令，用"共同语言"来传达指令

1. 换位思考，了解下属

创业团队的领导者在下达指令之前，必须先充分了解下属的工作能力特点、性格特点以及道德水平，然后根据每个人不同的能力特点，考虑他们对这个指令的接受能力。从履行管理团队职责的方面来说，领导者必须要充分了解团队每个成员的不同特点，这关系到分配人力资源、安排职位用人等关键问题。

对于领悟能力强、经验丰富的下属来说，理解上级领导下达指令并不困难，所以领导者只需要将指令明确地讲清楚就好。对于一些悟性不高的下属，如果他的能力对团队有可用之处，或者他的专业技能对团队的帮助很大，领导者就要将目标讲得清楚明确，让这一类的人了解你所需要的标准是什么，同时明确地告诉他们某些环节的做事方法，以及这个过程中所需要注意的关键点。要注意的是，一定要根据下属的领悟力、能力和文化水平的不同来展开对话，充分利用好团队的人力资源，在降低成本的同时，提高团队的整体效益。

2. 寻找可以保证所有下属根据要求做出正确行动的共同语言

管理界普遍存在"二八定律"，"二八定律"是指多数团队八成以上的营业额，有两成来自于优秀的下属的努力。为了使所有的下属都有机会发挥个人的能力，这就需要领导者在下达指令时，每一个下属都能精准执行。而要使每个下属能精准执行指令，就需要领导者在团队进行合作时，找到能让所有成员把事情做得一步到位的共同语言，通过用这种共同语言使指令得到简化。如果在团队成员执行工作指令时，不运用共同语言，就会使不同的员工产生不同的理解，采取不同的行动，导致他们可能因为忽略重要细节致使项目失败。

3. 将指令限制在三件事以内

一个人的整体学习能力和学习思维是有限的。通常来说，人一次能较好地记住事情的上限是三件。所以领导者在每次向下属下达指令的时候，尽量只提出三项的具体业务要求，并且要注意这个要求是建立在创业团队成员共同语言的基础上。比如当一个丈夫外出买东西的时候，他的妻子让他回来的时候顺便买一些鸡蛋、牛奶、葡萄、苹果、酱油、醋。通常在没有记录的情况下，丈夫是不能买齐妻子所需要的东西的。但是如果把需要买的东西进行分类，把它分为蛋奶类食物、水果和调味料的时候，往往又能记得比较清楚。

(四) 建立授权工作清单来确认指令

创业团队管理者通过将职位权利和责任任务授权给下属，并提出自己的要求和标准，让下属按照要求和标准去执行工作任务。这个过程非常关键，关系到所带领的团队是否能够贯彻和传承团队良好的经验。为了避免下属消极面对工作和团队中出现本位主义，指令下达以后工作分配更为有效，领导者可以运用 ARCI 法则。这一个法则主要回答的是"由谁来负责？负什么责任？"的问题。ARCI 法则的运用方式如下。

1. 掌握 ARCI 法则四大角色内容

ARCI 的四个字母分别代表了创业团队中的四种角色和责任，这四个角色的排序在授权过程中起了十分重要的作用。

（1）当责者（accountable）：当责者是整个项目、全部目标活动和任务的责任人，通常是由创业团队的领导者亲自担任，有时也会由领导最信任的、被委以重任的下属担任。当责者的特点是权力与责任相统一，他有着团队活动中的最主要的决策权，包括了决定权和否决权，通常能决定这一个项目的方向。当做出正确决策时，当责者能从中受益，但是当决策失当造成失败时，当责者要承担最主要的责任。

（2）负责者（responsible）：负责者在创业团队中主要是在当责者的领导下执行任务。负责者与当责者不同的是，负责者可以有很多个，但是当责者一般只有一个。当责者与负责者之间有着密切的关系，要实现团队目标，当责者就必须与多个负责者进行沟通与协调；当责者要是想成功，就必须对负责者进行明确授权。

（3）咨询者（consulted）：咨询者的主要职能是在当责者做出所属团队重大项目决定之前，向其所属的组织或专业机构征询、寻求建议并展开双向沟通。一般来说，可以是当责者的上级领导或者是专业的咨询机构。

（4）被告知者（informed）：被告知者指的是当责者做出决策、完成行动之后需要告知的人。被告知者可以是负责者或者是上级领导等这些有权知道整个项目的进度与工作状态的人。

2. 明确当责者与负责者角色的不同

当责者与负责者角色的不同如表 5-1 所示。

表 5-1　当责者与负责者角色的不同

当责者	负责者
有义务承担行动责任，通过行动将目标转化为成果	有义务采取行动，或者使团队有所产出
有责任提交成果	负有执行的责任，有责任执行上级指派的任务
承诺是对别人订下的	承诺是对自己订下的
先要确定是正确的事，再正确地做事	正确地做事

当责者所负的责任比负责者有更深更广的内涵，当责者要求更多的是把一件事情做

好，负责者的要求是做这件事就算没有功劳，也是有苦劳的。

3．ARCI 法则的运行

在实际运作时，ARCI 法则按照如图 5-2 所示进行运行。

（1）在决策之后，当责者将任务分配给多位负责者来推动项目的运行，他们分别需要处理不同的任务。

（2）运作实体通过沟通，面向支援系统寻求帮助，同样支援系统也可以通过沟通界面进行支援。

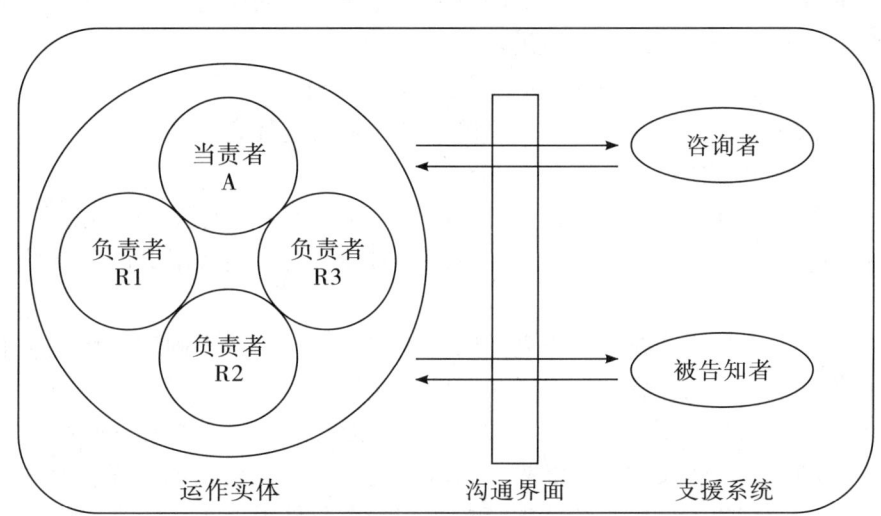

图 5-2 ARCI 法则的运行

一般来说，在当责者和负责者负责的范围内，指令的下达与任务的执行一般不会出现问题，但是在某些不是他们负责的范围内，就容易出现"三不管"现象，发生执行不到位的情况。在授权者授权过程中最重要的就是，要用共同语言下达指令，使得每一个接受指令的人，明白自己是当责者，还是负责者。

（五）用 WBS 下达实践指令

WBS 是指创业项目团队为了能够实现目标，在其所需要完成的全部任务范围内进行项目层级的分解。

1．创建 WBS 的准备

创建 WBS 的准备需要从三个方面进行，分别是进行范围管理计划、撰写项目范围说明书、形成需求文件。从这三个方面入手，可以减轻创业团队项目执行时的阻碍。

（1）进行范围管理计划。范围管理计划主要是描述如何定义、制定、监督、控制、确认项目范围，告诉读者们应该如何根据详细的范围说明书创建、维护和批准 WBS。包括以下几个步骤：①制定详细的项目范围说明书；②根据详细项目范围说明书创建 WBS；③批准和维护 WBS；④正式验收已完成的项目可交付成果；⑤处理对详细项目范围说明书的变更。创业项目团队可根据实际需要对其调整,计划内容根据项目的复杂程度可详细也可以简单。

(2)撰写项目范围说明书。项目范围说明书主要是对项目范围、主要项目可交付成果和实际制约因素的具体描述,它明确了整个工作的范围,告诉创业团队管理者为了如期完成要交付成果而必须如期开展的各项工作。好的说明书要用明确的语言指出哪些工作是属于本项目范围,帮助整个创业项目团队进行更详细的规划,排除干扰因素。主要包括以下内容:

①产品适用范围描述。将整个项目中所需要完成交付的所有产品、服务及项目成果的基本特征信息进行详细的描述和细化。

②验收标准。成果提交时必须满足的一系列规定条件。

③可交付成果。在一定时间、一定阶段或者在项目全部完成的时候,项目团队必须提供的相应产品和服务成果。

④项目的除外责任。告诉项目管理者,什么是排除在项目范围之外的内容。

⑤制约因素。在项目执行的过程中,可能会对项目的实施有阻碍的限制性因素,包括内部因素和外部因素。

⑥假设条件。项目团队在进行规划的时候,往往会对一些不确定的情况、不确定的因素进行假设,这些假设信息也会出现在项目说明书内。

(3)形成需求文件。需求文件里需要明确描述能有效满足各种单一业务需求的方式,以及涉及整个项目发展相关的业务需求。需求描述文件可以根据重要程度分列出全部业务需求,可以是需求内容提要、细节功能描述和需求附件说明等。其主要内容包括干系业务需求和能力需求、解决方案和技术要求等。

2. 利用 WBS 做好项目计划

WBS 是根据一定的工作原则,将大项目分解为小任务,再将这个任务分解成为一项项具体的业务工作,最后将具体工作与成员工作时间相结合,分配到个人的日常活动中去。如图 5-3 所示。

图 5-3 项目分解流程

以下是建立项目 WBS 的六大重要步骤。

(1)记录主要交付成果。主要交付成果是指项目里始终需要生产的产品成果,也就是通过对项目的投入,得到你所需要的"产品"。当不知道要记录什么样的交付成果时,可以思考一下,项目团队通过执行项目最希望得到的是什么。

(2)分类交付成果。在列出主要交付成果之后,就可以根据交付成果进行分类。分类时需要注意不要重复列出交付成果或者遗漏交付成果,并按照轻重缓急进行排列。

(3)分解交付成果。对于一项交付成果,往往可以将其拆分成几个小的部分。比如当需要帮助设计一个新的品牌 logo 时，就可以把设计品牌 logo 这项工作进行步骤的细化（见图 5-4），只有完成上一项交付成果，才能进行下一项活动。

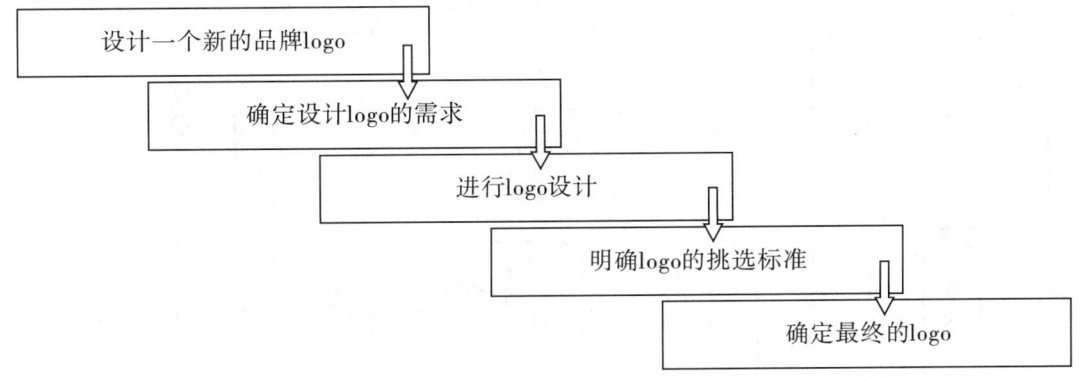

图 5-4　WBS 的六大步骤

（4）对交付成果进行再次分解。比如图 5-4 中，确定 logo 设计的需求又可以再分为三个细项。

①是否明确了品牌的指导原则？
②是否获得了需求文件？
③是否取得了客户的许可？

建立项目 WBS 时要格外注意层级的分解，就像建楼先从地基开始，然后再一层一层地堆叠上去。只有不断地分解交付成果，直到无法分解为止，才能够更有效、更有条理地实现指令。

（5）编号交付成果。当我们将创业团队任务分解为一个个项目时，可以按照轻重缓急和时间紧迫程度将其进行编号。

（6）准备工作包。当已经清楚地列出各个交付成果项目时，需要对各个项目的完成细节进行探寻，比如完成项目所需要的时间、成本以及具体的人员安排等，并可以配合使用 ARCI 法则，将一些需要注意的人员安排和资源分配等细节事项备注出来。

（六）引导指令：帮助下属找出"影响结果的目标行为"

很多管理者在下达指令的时候，比较少考虑到下属是否真正理解了指令。在这种情况下，需要针对下属的具体情况进行不同的指令引导。在下达指令的时候，项目的领导者可以根据下属的能力将其分为专业级下属和初级下属。

1. 专业级下属

专业级下属在长时间的项目执行实践中已经积累了丰富的经验，并对创业项目团队的管理者有一定的了解，了解管理者对目标的定义和要求，了解管理者的做事风格，对下属的引导方式如图 5-5 所示。

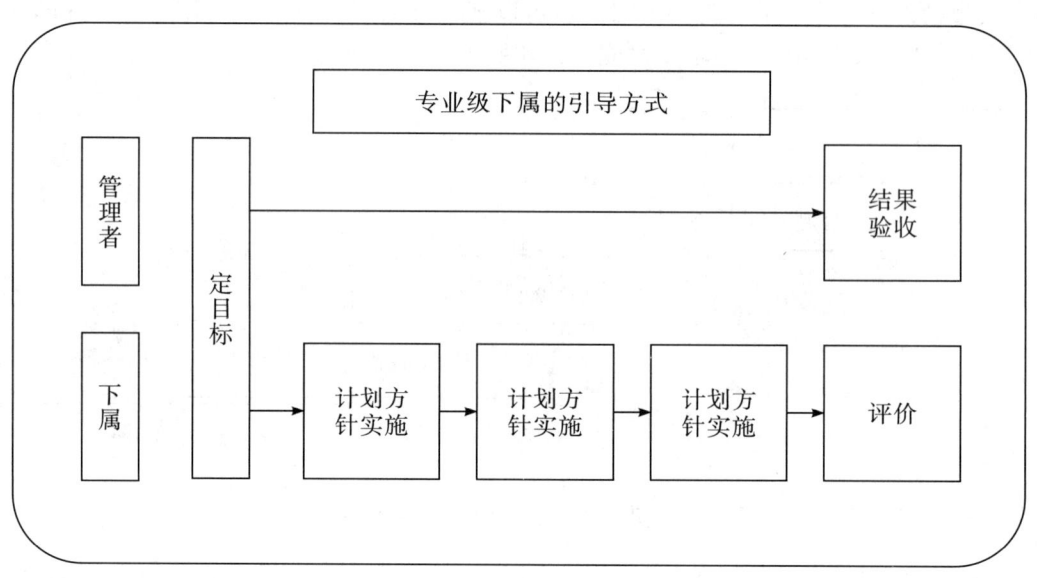

图 5-5　专业级下属的引导方式

2. 初级下属

初级下属往往是指那些刚进入创业团队的成员，他们在做事方法和节奏上往往不能与老员工和领导者形成很好的配合。他们通常需要他人的帮助与指导才能将事情做得合格。刚开始的时候，管理者需要确认工作的过程与成果，让下属既要敢于去做事，又要有被指导的机会。当下属对工作内容与流程慢慢熟悉之后，可以减少对他们的工作支援。初级下属的引导方式如图5-6所示。

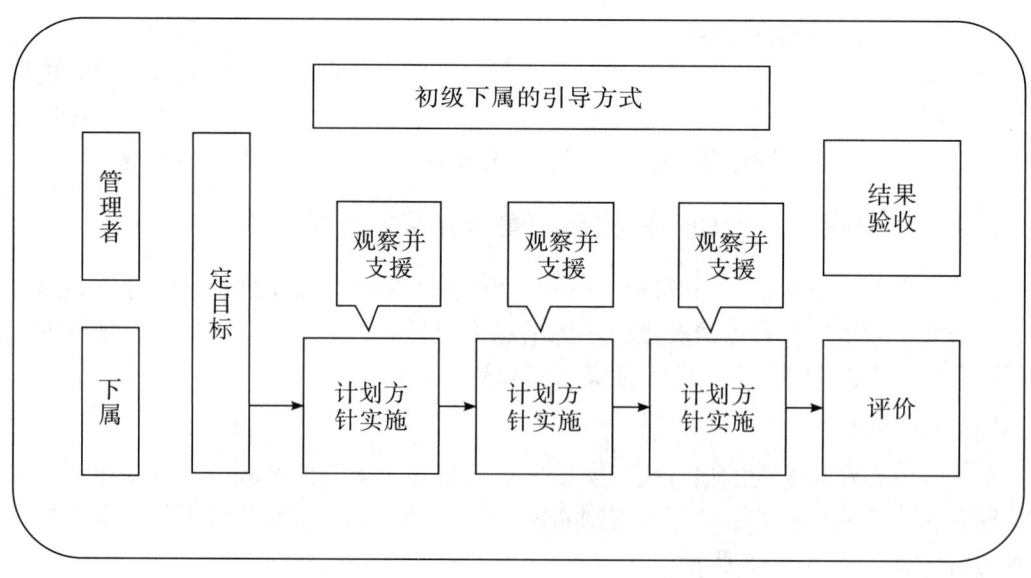

图 5-6　初级下属的引导方式

3. 确认下属理解指令

管理者在让下属执行指令之前，要确保下属明白了指令。通常有三种方法。

（1）重述指令。在对下属进行指导之前，先让下属重述指令，看他是否能正确地理解。当理解有偏差之时，要进行适当的纠正。

（2）提交报告。让下属根据你下达指令的内容进行学习总结，并进行自我评估。领导者可以根据实际情况设置标准，再根据下属提交的报告进行评分。

（3）思考成败模式。让下属在行动之前先设想：如果采取这样的措施，能实现项目目标吗？如果采取这样的做法，会带来什么样的后果？失败率会高吗？

4. 引导下属了解工作的意义与全貌

在创业团队执行项目的过程中，团队的管理者往往不会告诉下属工作的意义和目的，只告诉他们工作的内容怎么做。但是对于整个项目来说，每项工作的完成都是十分重要的，都需要依靠创业团队每个人的努力，所以说管理者有必要帮助下属了解事情的重要性，让他们了解整个项目的全貌以及意义，便于他们采取正确的行动。

案例故事

惠普公司曾经为了能持续增长业务和降低成本，在经过长期的调研准备之后，正式启动了"在家办公"和"关闭办公室"的工作计划。很多的企业文化研究者认为，这是难以实现的事情。因为要实现这样的计划，就需要企业的管理人员从舒适的办公室里搬出来，到公共的办公区域。但是，这个计划得到了很多业务人员的理解和支持。主要原因还是当时的管理者孙振耀带头取消了自己的独立办公室，起到了表率作用。这样可以增加员工对这项计划的理解，并且这个做法体现了惠普公司务实的作风，节约了经营成本。

（七）精准指令：提醒下属不能省的动作

为了使整个创业团队能高效运行，需要将目标的行为可视化，将整个创业团队的行为标准化，使每个人根据所规定的标准达到要求的水平。一般来说，运用的方法是标准作业流程（standard operating procedure，SOP）。SOP 主要用于一些团队中重复工作比较多，还有一些周期性的工作，它可以将规则化、标准化的东西事先写清楚，以文字或图形的形式落实，让不熟练的人可以快速学习。同时通过这一种方式，可以促进内部的沟通，加强成员之间对流程的了解，使彼此之间拥有一致的语言，也更好地完成自己该做的工作。

在进行规划的时候，要根据自己所处行业的特点和创业团队的目标，将工作的内容流程化和标准化。比如，当一个餐厅需要建立 SOP 时，就需要对从服务员引座到顾客用餐结束买单的各个流程进行细化。如图 5-7 所示。

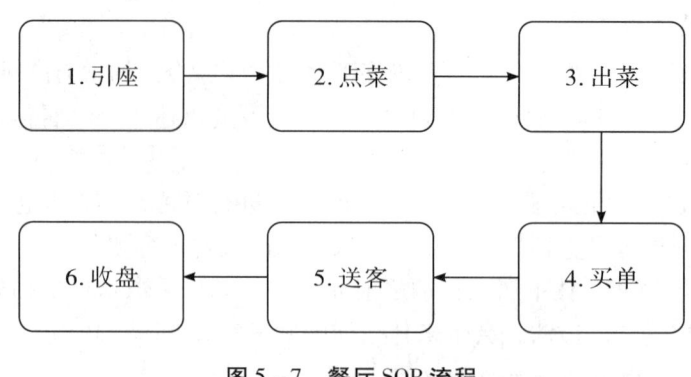

图 5-7 餐厅 SOP 流程

三、项目执行后的评价

(一) 项目执行评价的含义

项目评价是指在实际的项目实施中,对整个项目进行分析总结,发现在整个项目执行过程中所存在的问题以及完成效果;在项目实施之后,对项目在执行的各个环节及运行所带来的影响进行全程的回顾。同时,将其与在项目执行之前团队所规划的目标、项目方向和各种技术工艺装备等指标进行对比,在其中找到执行项目的改善措施,吸取经验教训,以提高团队整体的管理水平和团队效益。

(二) 项目执行评价的内容

项目评价的内容主要包括对执行后的项目进行评价的条件、原则以及项目总结评价的主要内容。

1. 项目执行后评价应该具备的条件

(1) 项目审批手续完备,并且已经按照流程全部执行完毕。

(2) 项目已经进入正常的运行状态。

(3) 项目已经竣工验收。

2. 项目进行评价的原则

项目的总结评价一般都是按项目咨询的方法进行的,主要包括四个层面的内容:投入成本、项目目的、项目产出、环境影响。实际进行评价时,要根据项目执行支出的规划及其他重要影响指标,找到不完善之处,并寻找原因,总结经验,为以后的项目实施做铺垫。

3. 项目总结评价的主要内容

(1) 对项目执行的全过程进行系统性的回顾分析。①对前期准备阶段进行审视与回顾。主要包括是否有效识别项目干系人,创业团队在项目执行过程中是否专业高效,项目实施的计划是否完善，等等。②对领导者的决策和指令的下达进行回顾分析。主要内容包括管理者所下达的每个指令是否明确，指令是否拆解成具体的能力，是否运用了成员可理解的共同语言来传达新的指令，等等。③对项目执行的过程进行回顾分析。主要包括项目是否在规定时间内完成，是否在预算成本内，是否每个人都有发挥自己的能力，等等。④项目目标完成情况的审视与分析。主要包括项目是否有质量地完成，项目是否达到了组织的要求，等等。⑤创业团队领导者与下属行为表现的回顾分析。团队成员的人力配置是否存在问题，团队内下属的职务配置是否存在问题，等等。

（2）对项目执行的效果和影响进行评价。从效果方面来说：①要了解项目的管理状况、项目执行的方式方法。②项目的实施是否具有科学性、经济性、耐用性。③对项目运行过程中所达到的整体效益展开评价。从影响方面来说，项目执行之后，对社会的环境是否有着积极或者消极的影响，如项目执行过程中，所运用的原料、废弃物的排放是否符合相关规定。从社会效益角度来说，项目的前期建设与规划执行，是否对周围地区的人、当地的经济发展，甚至是区域的整体发展有积极性的影响，是否提高了当地就业水平和当地人们的生活品质，等等。从项目的可持续发展能力方面来说，一是企业内部因素，项目的执行能否实现科技进步与创新、环境保护、产品是否有核心竞争力等；二是外在因素，项目是否为新兴行业或朝阳行业，是否符合了国家法律法规、区域条文等。

（3）总结经验改善不足。通过进行以上角度的分析，总结项目在执行过程中存在的不足和教训，汇总各个方面的启示启发，进行有针对性的、可操作性的改善。

第三节　如何组织项目汇报？

一、项目汇报前的准备

（一）检查汇报中会出现的细节

(1) 汇报的时间长度。
(2) 汇报是否考虑了提问时间。
(3) 场地的大小和位置。
(4) 是否具有投影和照明设备。

（二）准备汇报内容

1. 了解项目汇报的类型和听众对象，确定合适的汇报内容

（1）确定项目汇报的类型：是项目建立支出的汇报，还是阶段性的成果汇报，又或者是最终的项目总结汇报；是正式的汇报，还是非正式的汇报。

（2）汇报出席的人员：是项目团队的上级领导，还是项目客户，又或者是项目的干系人。

（3）了解听众对本次项目汇报的主题和内容是否熟悉，这决定了汇报内容的详细程度。

（4）了解听众的教育程度、文化水平。如果汇报对象对项目主题并不熟悉，认识较少，就需要运用双方都能明白的共同语言。

2．确定汇报的主要目标和重点

（1）表达你最想要汇报的主要内容，是否有新观念、新想法，对这个项目的执行有什么建议等。

（2）根据整体的内容选择重要部分来汇报，既需要考虑整个项目汇报的完整度，也要考虑汇报的内容长度。

3．查阅资料，充分地准备好汇报所需要的资料、案例以及信息细节等

（1）在汇报过程中表达自己的观点时，有时需要提供相关的案例、经验以及数据，但是选取这些信息的同时也要注意听众的接受能力。

（2）在汇报有关信息时，将主要内容控制在三个信息点，尽量避免多种信息堆在一起的情况出现。

（3）汇报的目的不是让听众了解所有相关项目的细节，而是让他们了解少数几个重要的项目信息。

4．采取适合的方式，整理所需汇报的内容细节信息

为了使听众清楚地了解汇报的内容，汇报时所采用的结构也十分重要。需要注意以下几个方面的内容。

（1）如果汇报的主要是项目结果，可以采取传统的汇报方式。先介绍项目的背景、目标，然后介绍项目执行过程，最后进行项目结果的汇报。

（2）如果要汇报的是项目的执行过程特点，那么就按照项目执行的流程来介绍项目报告的内容。

（3）如果要介绍项目运行过程中所用的新技术，那么汇报时可以将新技术与旧技术进行比较。

5．准备汇报大纲

（1）撰写一份项目汇报的大纲。这份大纲是项目汇报人练习和报告的依据。内容应该简洁清楚明了，要记录重点的报告信息和数据，相对不太重要的内容可以省略。

（2）将汇报的大纲进行打印，并按顺序标上序号，对于重要的内容进行标记，使汇报人在汇报的时候能快速找到汇报信息。

（3）最后汇报人根据大纲勤加练习。汇报的语言要口语化，汇报过程中要自然放松，不同信息之间的转接要自然，应用上相应的例子，避免过度枯燥。

6. 根据项目汇报的内容特点，选择合适的可视化辅助设备

在进行项目汇报过程中，运用一些常用的汇报设备，如PPT、效果图、黑板、写字本等，不仅可以给自己提示，也可以吸引听众的注意力。

二、项目汇报展示

（一）从导言开始引入

导言部分应该包括以下几个方面内容：
（1）汇报的结构。
（2）方案汇报的目的。
（3）对方案中所提问题的态度。

（二）进行正文的汇报部分

正文汇报是整个汇报工作的重点，要注意以下几点：
（1）关于项目执行的一些细节的介绍可以减少，只需要解释数据或者结果。
（2）项目执行的结果以及数据要以最简单的形式呈现给听众。
（3）汇报的时候要采取简洁明了的结构。
（4）使用数据时尽量简化，不要大批量使用数据。

（三）对汇报进行总结

汇报必须有个基本的结束语，应该与导言一样，明确清晰有力。在项目汇报的结尾部分应该再次阐述汇报中的重要论点，加深听众的印象。

（四）回答听众提出的问题

回答听众的问题时要态度诚恳，以礼相待，目光与听众进行接触，耐心倾听。遇到自己不知道的答案时，不要说不知道，可以请同事帮忙。回答问题的时候要注意简洁精练。

三、项目汇报后的总结

（1）总结正确的事件。用简洁精练的语言，对促进团队绩效提高方面的内容进行总结。
（2）总结有问题的事件。用精练的语言对出现问题的事件进行总结分析。
（3）提出建议。按照部门或者管理层级，对出现的问题给予关键性的建议。

复习思考题：

1. 什么是团队项目？
2. 项目团队的概念是什么？
3. 在项目执行之前应该做哪些准备？
4. 团队领导者应该如何正确下达指令？
5. 应该如何组织项目汇报？

沃尔玛：沟通是成功的真正关键之一

沃尔玛百货有限公司（以下简称沃尔玛）由美国零售业的传奇人物山姆·沃尔顿先生于 1962 年在阿肯色州成立。沃尔玛是一家美国的世界性连锁企业，以营业额计算为全球最大的公司，连续 7 年在美国《财富》杂志世界 500 强企业中居首位。沃尔玛在全球 27 个国家开设了超过 10 000 家商场，下设 69 个品牌，全球员工总数 220 多万人，每周光临沃尔玛的顾客达 2 亿人次。沃尔玛在美国 50 个州和波多黎各运营。沃尔玛公司主要有沃尔玛购物广场、山姆会员店、沃尔玛商店、沃尔玛社区店四种营业方式。沃尔玛公司已经成为美国最大的私人雇主和世界上最大的连锁零售企业。

沃尔玛提出"帮顾客节省每一分钱"的宗旨，实现了价格最便宜的承诺。公司一贯坚持"服务胜人一筹，员工与众不同"的原则，向顾客提供超一流服务的新享受。走进沃尔玛，顾客便可以亲身感受到宾至如归的周到服务。沃尔玛推行"一站式"购物新概念，顾客可以在最短的时间内以最快的速度购齐所有需要的商品，正是这种快捷便利的购物方式吸引了现代消费者。

山姆·沃尔顿曾说过："如果你必须将沃尔玛管理体制浓缩成一种思想，那可能就是沟通。因为它是我们成功的真正关键之一。"沟通就是为了达成共识，而实现沟通的前提就是让所有员工一起面对现实。沃尔玛决心要做的，就是通过信息共享、责任分担实现良好的沟通交流。沃尔玛公司总部设在美国阿肯色州本顿维尔市，公司的行政管理人员每周花费大部分时间飞往各地的商店，通报公司所有业务情况，让所有员工共同掌握沃尔玛公司的业务指标。

在任何一个沃尔玛商店里，都定时公布该店的利润、进货、销售和减价的情况，并且不只是向经理及其助理们公布，也向每个员工、计时工和兼职雇员公布各种信息，鼓励他们争取更好的成绩。这种以人为本的企业文化理念极大地激发了员工的积极性和创造性，员工为削减成本出谋划策，设计别出心裁的货品陈列，还发明了灵活多样的促销方式。一个员工发现沃尔玛原来的送货上门服务可以由在相同路线的沃尔玛货车代替，这一建议为公司每年节省了 100 多万美元。

高效的客服沟通对沃尔玛来说是非常重要的。对顾客信息的回复以及响应速度，是顾客选择留下或者离开的一个重要原因，所以沃尔玛官方有客服沟通的 8 条原则，包括 4

条"一定原则"和 4 条"不要原则"：
1. 确保一定在 48 小时内（包括周末）回复买家。
2. 一定要承认买家提出的问题并表示同情。
3. 在表达上一定要专业。
4. 一定要经常在后台（message center）查询信息中心。全部信息都要回复。
5. 不要总是使用"自动回复"，这样会导致多次的回复。
6. 谨慎地进行交流，不要误导或过分承诺。
7. 不要提供错误的联系资料。
8. 不要忽视邮箱里的垃圾箱文件夹。

案例分析题：
从沃尔玛的案例中你可以得到什么启示？一个优秀团队的成功需要什么？
提示： 可以从项目执行的角度思考。

拓展阅读

中国电子信息百强企业之首、世界第四大白色家电制造商海尔集团，已相继进入家电、厨卫、通讯、电子等十多个行业和领域。维持如此庞大的企业高效运转的机理，海尔的核心竞争力是它的企业文化，而其核心就是创新，这种创新是技术上和产业上的创新，不仅仅是应用层面的创新，而且是一种程序优化能力，是强大的执行力。

企业采用 OEC 管理法。OEC 是全方位优化管理法，也称日清管理法，可表示为：日事日毕，日清日高。用海尔的话讲就是"总账不漏项、事事有人管、人人都管事、管事凭效果、管人凭考核"。

一个基本思想：全面管理控制。
两个基本方法：日清工作法和区域管理法。
三个支持系统：目标系统、日清系统、激励系统。
三个基本原则：闭环原则、比较分析原则、不断优化原则。
六个区域：决策、分厂、职能、班组、岗位、全员。
三本账：公司管理总账、管理工作分类账、管理工作明细账。
每天员工有三个表：海尔现场管理日清表、日清栏、3E 卡。

6S 是一种企业的管理模式。6S 就是整理（seiri）、整顿（seiton）、清扫（seiso）、清洁（seiketsu）、素养（shitsuke）、安全（safety）六个项目，因均以"S"开头而得名。6S 是海尔本部实行多年的"日事日毕，日清日高"管理办法的主要内容。每天工作表现不佳的员工要站在 6S 大脚印上反省自己的不足，海尔称这种做法叫"负激励"。6S 班前会这种富有特色的海尔管理方法在漂洋过海后开始了它的本土化过程。"负激励"变成了"正激励"。

海尔的成功在于其先进的管理理念，当然产品质量和服务质量、善于把握机遇和切合自身的发展经营理念同样很重要。

资料来源：知乎网，2020年，略有删减.

扫码观看视频

蔚来李斌：我愿意花 1 000 万元买 1 小时

视频中李斌讲述了蔚来汽车从产生想法到拉投资再到研发成型的过程。内容包括对新能源汽车项目执行前的构思、市场政策分析、投资准备和项目过程中的研究问题、研发思路，以及汽车研发后李斌的亲身体验反馈和总结，比较全面地展现了新能源汽车研究项目的全貌。

第六章 高效沟通

高效的沟通是创业团队管理者在管理活动中更好地发挥控制功能的前提。高效的沟通需要遵循资源透明、身份平等、准备充分、换位思考等原则，掌握高效的共同技巧。与上下级团队成员沟通时，要注意不同的沟通方式与技巧。

第一节 什么是高效沟通？

一、高效沟通的概念

（一）沟通

沟通（communication）有两方面含义：一是人与人之间的信息交换和指令的传达；二是人与人之间情感表达和交流的过程。沟通存在于我们生活的方方面面，因为世界是相互联系的，而存在于世界中的我们也是相互联系的。

在人们信息交换、情感表达的这种过程中不仅包含口头语言和书面语言，也包含形体语言、个人习惯、外在物质环境——赋予信息含义的任何东西。

沟通渗透在我们的生活中，人类的管理活动更加离不开沟通。著名的管理学家巴纳德说："管理者的最基本功能是发展与维系一个畅通的沟通渠道。"实业家松下幸之助说："企业管理过去是沟通，现在是沟通，未来还是沟通。"管理家实业家们都把沟通认为是管理的重要工作。没有沟通的管理是不存在的，如果不严谨地讲，管理的实质就是沟通。所以沟通和管理在其内在存在着一定的联系。

其一，组织管理活动的过程，在很大比例上就是沟通活动。沟通是管理的实质和核心内容，也是管理得以实施的主要手段、方法和工具。例如，某公司想要开展一个新的项目，那么他就需要计划，而计划实施的过程中就离不开沟通。计划制定时需要吸收团队意见，计划制定后需要形成正式文件，并下达给所有与计划执行有关的组织成员，组织领导还需要向组织成员解释计划和计划执行的方法与难点，组织成员对计划必须有反馈，必要时还要在具体执行计划时对计划内容进行一些修正，等等。所有这些管理功能与活动，无一不是沟通行为过程。

其二，在创业团队内外部中，很多的沟通行为就是在管理。像办公区的茶水间、阳台，它们既是休息区又是沟通的场所。不要认为在这种区域进行的沟通是无效率的、无营养的，不尽如此，上下级或者同级在这样的环境中，不仅可以拉近同事之间的距离，也可以协调出良好的工作关系，那么这样的活动无可厚非地可以看作是管理行为。

（二）高效沟通

怎样的团队才是高效的？高效的团队必定拥有高效的沟通。所谓高效的沟通，其实有两层含义——首先是效果，然后才是效率。在数字信息化社会，无论是从事哪一类的工作，沟通、合作、交流与分享都是必不可少的。从创业团队外部来看，为了在竞争市场上占有一席地位，就需要抢占话语权，话语权的展现就与沟通的方式、技巧紧密相关。例如组织与政府、大众、媒体或其他组织，面对不同的主体就要灵活地转换沟通这一行为过程。从创业团队内部来看，为了组织能够有序运行，就需要有畅通的沟通渠道、科学合理的沟通机制、良好的沟通环境与个人的沟通能力。如果只有效果而没有效率，那么即使效果再好也不如没有效果的高效率。高效的沟通需要的合作意识和团队精神，是当代创业团队不可或缺的重要素质。

（三）高效沟通的目的

沟通的目的是让对方付诸行动或理解你所传达的信息和情感，即沟通的品质取决于对方的回应。所以高效沟通的目的就是用最小的成本达到最有效率、最有效果的信息传达与情感交流，从而鼓舞对方付诸行动。

二、高效沟通与高效管理

（一）高效沟通的重要性

美国著名未来学家奈斯比特说："未来竞争是管理的竞争，竞争的焦点在于每个社会组织内部成员之间及其与外部组织的有效沟通上。"我们把管理者比作是羊群中的牧羊犬，控制着整个羊群的队形与活动范围，而在这个控制中也是需要高效的沟通的。如果说管理的目的是使团队的工作有效率、有效能，那么管理沟通这一行为过程就是达到这一效率的最佳途径。目前市场上，比较流行的知识管理、走动管理、客户关系管理等模式其实就是在团队的内外部寻求沟通管理，从而去解决一些企业中存在的问题。

1. 创业团队目标实现需要沟通

沟通可以使团队中的单个要素、个体形成一个有关联的整体，可以加强个体之间的联系，从而将团队拧成一股绳，促进团结与合作。创业团队目标的实现，需要整个团队的共同努力，而这种努力体现在部门与部门、成员与成员、部门与成员，还有其他要素之间。要想团队成员拧成一股绳，不仅要在外在方面下功夫，也要从内里去琢磨，加深彼此的了解，形成团队意识，从而引导出良好的沟通意识，促进沟通行为，完善沟通机制，将沟通意识渗透到团队意识的方方面面。而团队意识的形成，也会使整个团队的合作更加顺利畅快。团队沟通在现代社会中的作用越来越凸显，创业团队在一开始就要重视，使团队目标的导向性更加明确，促进团队目标的实现。

2. 创业团队激励需要沟通

团队激励的实现在现阶段有两种方式：一是物质方面的，二是精神层面的。沟通在其中扮演着重要的角色，离开了沟通，团队激励机制就无法实现。根据马斯洛的需求层次理论，我们知道在现在的经济发展社会下，一些小的物质奖励已无法对我们产生激励效果了，那么就需要沟通去给它润色。原本只是一个普通的苹果，通过沟通环节把它变成具有一定特殊意义的苹果，就会有很多人想要去得到，从而也就产生了激励效果。通过沟通可以激发出团队成员更高层次的需求，可能是成就感、参与感、荣誉感或其他，但是它总会使得团队成员得到激励。对创业团队而言更是如此，想要丰厚的物质需求就应该选择国企或是外企，而在创业团队中它所带给你的成长、收获是别处无法得到的。薪水、奖金所能达到的效果仅仅是外在的，要使员工真正感觉到他是属于自己的创业团队的。

3. 整合创业资源需要沟通

在信息数据化时代，我们每个人都是一个行走的信息源体，我们有着自己的信息，也在不断载入外界的信息。而个人、各要素的这种信息源体在大数据下终究显得太薄弱。沟通可以把我们这些单元素的各个信息源体联系起来，建立一个双向互通或者是多向的体系，从而获取更加全面综合的信息，做出更加准确的决定。在沟通中我们就可以把信息进行整合以及分析处理。在大数据时代下，个人所获得的信息量已经无法满足团队决策的需求，所以整合团队内的信息资源就非常重要，而这整合的过程也就是沟通行为的过程。

（二）沟通效果的来源

沟通效果的来源主要有身体语言（55%）、声调（38%）和文字（7%），如图 6-1 所示。与人们平常所想的不同的是，文字虽然重要，但在来源构成中并不占据主要位置。例如，在团队沟通中管理者嘉奖成员时，只是平白直叙、面上毫无喜色、没有肢体语言，那么受嘉奖成员是否还会从内心感到喜悦，从而得到激励？由此也可看出，当管理者在沟通中的身体语言和文字、语言不相匹配时，对方往往会受声调和身体语言影响更大，而不是文字本身的意思。更有甚者会胡思乱想，继而揣摩上司意图，不利于团队和谐相处。

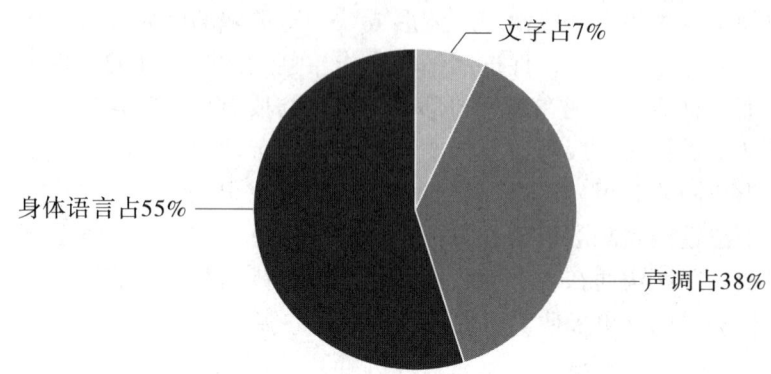

图6-1　沟通效果的来源占比

（三）沟通的六大要素

1. 传递者

传递者是指沟通中持有某种见解并力图使别人接受这种见解的个人或组织，也可称为信息源。

2. 信息

信息是指传递者与接受者沟通的内容，包括思想和情感，是一种普遍联系的形式。

3. 表达方式

沟通的表达方式有很多，可分为语言沟通与非语言沟通。

4. 接收者

接收者是指沟通双方中接收持有某种见解的个人或组织，在沟通中信息接收者和传递者的角色是不断转换的。

5. 反馈

反馈是指接受者从传递者那里收到信息所做出的回馈。获得反馈是传递者的意图和目的，发出反馈是接受者能动性的体现。

6. 跟进

跟进是指沟通中传递者对接收者回馈后的后续观察。

（四）有效沟通的基础

1. 确定信息内容（What）

信息内容包括了我们在管理学中通常所提到的"5W1H"：沟通的事情是什么（What）、为什么要沟通这件事（Why）、什么时候沟通合适（When）、在什么样的沟通地点（Where）、沟通对象是谁（Who）、以怎样的沟通方式（How）。

2. 决定信息的发送方法（How）

随着科技发展、沟通方式和渠道的多样化，信息的发送方法包括口头交流、书面交流、电子邮件、微信、线上会议等，还有肢体动作等非语言方面的沟通方式。

3. 何时发送信息（When）

发送信息的时间要因人、因事制宜，总之紧急的事件要尽快，一般事件也不可以拖延。

4. 谁该接受信息（Who）

现代企业竞争越来越凸显出对人才与科技的竞争，团队内的沟通内容也要划分为透明部分与非透明部分，对于非透明部分只能由该信息接收者接收。

5. 在何处发布信息（Where）

不同的信息内容要选择不同的场合，对于员工的批评应选在密闭的办公室内，要维护员工的自尊、自信；对员工的嘉奖要选择在员工聚集时，以此来激励团队成员。

案例故事

美国著名财经杂志《产业周刊》评选的全球最佳 CEO 乔尔玛·奥利拉（诺基亚公司）说，一个称职的 CEO 要具备的素质有两条：首先是沟通的能力，其次是对人进行管理的能力。美国著名学府普林斯顿大学对一万份人事档案进行分析，发现"智慧""专业技术"和"经验"只占成功因素的 25%，其余 75% 决定于良好的人际沟通；哈佛大学就业指导小组调查结果显示，在 500 名被解职的男女中，因人际沟通不良而导致工作不称职者占 82%。一个组织的执行力不好，其中最大的问题源自沟通，也就是说执行者没有搞清楚整个事情的来龙去脉就开始执行操作。这种错误概率肯定非常高。有的时候，不是不想搞明白，而是在特定的执行环境下还没有搞清楚就实施。

第二节 高效沟通的技巧是什么？

一、高效沟通的重要原则

（一）信息资源的公开和透明

信息资源的公开使用和透明管理是高效沟通的前提，如果对于沟通内容模模糊糊、遮遮掩掩，那么从沟通开始就注定是失败的。

（二）沟通之间的平等性

这里说的是沟通平等，不是身份、地位等这些外在的东西。创业团队中我们要进行纵向的沟通，也要进行横向的沟通，同时还有交叉的、一对多或者多对一的沟通。但是不论处在哪种沟通环境，面对怎样的沟通对象，我们都应该尊重、平等地与之沟通。要真诚、礼貌，即使是批评下属也应该是循循善诱的，而不是脾气火爆，让对方觉得自己一无是处。平等的沟通可以让双方去除担忧、坦诚相待。

（三）沟通前的准备工作要充分

在沟通前要掌握沟通所需要的信息，简明清晰。要确定议题，对于急需解决、能够明确实施的问题要重点进行沟通。做好信息资料收集、整理，做好充足的准备，为沟通过程中的利益纠结争取主动权。

（四）多重角色，换位思考，加强互动性

在多人组成的团队集体中，获得统一的意见是非常困难的，尤其是开放性的问题。进行沟通，就是找到平衡点，达成一致的决定和结果。所以就需要成员之间的相互调和，不断去换位思考，进行妥协；同时，也要理性地对事不对人，最终达成合作。

二、高效沟通的重要环节

（一）事前准备

"不为明天做准备的人永远不会有未来"，没有事先做足信息准备的团队永远无法进行高效沟通。

（1）首先确定明确的沟通目标，希望达成一个什么样的效果。
（2）制定好沟通的顺序，做好铺垫，娓娓道来，控制好节奏。

(3) 对自己的沟通内容提出问题，并解决它们。
(4) 了解对方情况，制定战术策略，目标值合理化。

（二）确认需求

在沟通过程中，找出隐藏的信息点，挖掘对方的潜在需求，提出合理的计划，达成沟通结果的一致。通过提问、引导、附和，确认最终结果。

1．如何正确提问

（1）封闭式问题。

优势：节约时间，谈话内容主导性强；劣势：潜在信息缺失，流程固化，氛围无趣。

（2）开放式问题。

优势：信息量充足，提问灵活；劣势：无效信息的输入耗费时间，话题不易把握。

2．如何正确聆听

（1）合理应和："嗯""是的，的确如此""没错"。
（2）指出不明：对表述不明或者没有理解的点，要进行提问确认。
（3）复述重点：将所听到的重点串联起来，讲给对方听。
（4）综合概括：明了对方意思，合理处理细微之处。
（5）说出感想："我们这次的合作将会非常成功"。

（三）阐述观点

阐述观点就是把想法正确清晰地讲出来，让别人清楚地了解你的看法。我们通常会选用FAB原则。F（feature）代表属性、A（advantage）是作用、B（benefit）则是利益。举个例子，一般表述：我的这块玉是家传的，非常值钱，宋朝时期的。使用FAB原则的表述：我的这块家传宝玉是宋朝时期的，非常值钱。很显然，后者的表达更加明确，能够让人加深理解并留下记忆。

（四）处理异议

沟通过程中总会有一些利益纠纷点，可能你激情澎湃地说了很长时间，对方还是不赞同你的观点。其实就成年人个人来说都很难被别人说服，更何况代表整个团队。如果无法处理这种纠纷点达成共识，就很容易导致沟通破裂。我们可以试着改变一下沟通策略，用田忌赛马的方法或者借力打力、隔山打牛。不管选择哪种策略，最终的目的就是要双方达成一致。当然，面对对方提出的利益纠纷点，我们也要有所考量，要理解大家都是代表着整个团体的利益，不能做拍脑袋的决定。

（五）达成协议

达成协议的过程也是沟通行为的过程，所以，我们要注意感谢别人的支持、表扬、祝贺。

（六）共同实施

达成协议不是沟通的结束，而是从理论沟通进入实践沟通的一个小节点，所以它又意味着新的工作的开始。新的工作需要双方的合作，如果任何一方逃离、缺失，工作都无法开展，所以诚实守信是开展下一阶段工作的基础。如果失信于对方，也会失去下次沟通的机会。作为合作方的两个组织在沟通过程中，对于所有达成的协议，都要努力去实施。

三、高效沟通的技巧

（一）巧用"夹心饼干原则"，营造良好的沟通氛围

"夹心饼干原则"，上面的饼干意指对方好的方面，中间的果酱意指还存在一定问题需要改进，下面的饼干意指相信对方可以做好。"夹心饼干原则"最大的优势是在指出对方存在的问题时不会让人感到难堪及抗拒，从而使双方能更好地达到沟通效果。这个原则可以用在与同事、下属或者合作伙伴的沟通中。

形成一种轻松和谐的沟通氛围，在创业团队的管理中非常重要。我们做什么都注重氛围感，虽然它是无形的，但是我们不能忽略它的作用。情感的交流、感性的表达、感情的融入，无一不激发着员工的主人翁意识，而这种意识下的员工总是拥有充沛的精力和超强的责任感。

（二）沟通渠道的搭建和维护

沟通渠道是沟通过程的关键一环。对于规模庞大、人员众多、层级繁多的组织来说，沟通效率往往会打折扣。建立健康、畅顺的沟通渠道对发挥创业团队员工的积极性、主动性，实现团队的目标具有重要意义。首先要搭建沟通的渠道，所谓"明渠暗道"，说明我们不仅要建立明面上的沟通渠道，还要建造匿名的沟通渠道。好的、事务性的、正常的工作，我们就走明渠，可以是报告、工作日记、文件等间接方式，也可以是会议、培训、面谈等直接方式。创业团队要选择适合的沟通渠道，线上线下结合，注重明渠的同时不能忘记暗道。渠道维护相较于搭建来讲更为困难，保持渠道通畅灵活十分重要。例如，许多企业会设立意见箱，既然建立了这样的渠道，就应该利用起来，让它发挥一定作用。我们维护沟通渠道，不应该受到人为的阻碍，既然是沟通，那么表扬与批评就应该共存，至少要维护表达的权力。团队成员和部门都有义务维护渠道的公开性、公正性。

（三）沟通语言与技巧

一个人的沟通能力与个人素养、组织沟通氛围有关联。一个人的沟通能力，可以从他说话的节奏掌控、遣词造句、语句前后逻辑、意思表达、语言风格、信息布局是否详略得当等方面体现出来。要想提高综合素质，那必须是个善于表达的人。创业团队成员

在工作中要逐步提高自己的沟通技能，才能对工作游刃有余。沟通氛围的营造不是一个人的事情，是双方或者多方的共同努力。同时，氛围也可以划分为大环境、小氛围。只有大环境是文明、礼貌、和谐的，小氛围才能是轻松、愉悦、有益的。在这样的大环境小氛围下，聒噪急性子的人会懂得安静礼让，内敛沉默的人会融入放开，个人的沟通习惯也会得以改善，在团队中提高自己的沟通技巧和素养。

沟通不是一个人的舞台，而是双方或者多方的共同的交流会。沟通中任何一方出现拒绝、抵制，都会使沟通中断，无法继续进行。就如一些集团员工集体罢工、顾客投诉推卸责任不回应、群体性事件的发生等等，因为沟通不及时、逃避沟通，最终成为社会性不良事件影响团队形象。总之，高效的沟通必定是双方或者多方具有沟通意愿，再加上畅通的沟通渠道与良好的沟通技巧，所共同成就的。

沟通中"视""听""说"是沟通的三大核心技巧。一般而言，大家可能觉得"说"比较困难，具有挑战性。其实不然，这三个技巧中"听"才是最容易被大家所忽略的，同时也是最具难度的。听一个人说话，不是听完就结束了，而是要"听懂"。当对方说话时，你就需要一心多用，抓核心、抓细节、记重点，而且还需考虑怎么回答、如何解决听到的问题。特别是在现在压力大、节奏快的环境下，做任何事都讲究效率，每个人都希望快速地把事情解决，追求速度缺乏耐心；有些人在没听完的时候就自以为是地下决断。这样的沟通有了效率却不见效果，何以实现高效沟通与合作？要实现高效沟通，积极倾听是根基。在当今社会中，我们所受的干扰是非常多的，所以倾听对于我们来说非常困难，需要我们花时间和精力去学习技巧、多次练习。在这里我们用一种简单有效的 3R 技术去达到积极倾听的效果。3R 分别指 receive（接收）、respond（回应）和 rephrase（确认）。在"积极倾听"中，尽可能多地体会对方、接收对方传递的信息，并通过回应让对方感受到你在听，因此愿意继续敞开分享，最后通过确认来核对是否理解了对方的意思，最终达成积极倾听的效果。

第三节　如何实现高效沟通？

商场如战场，要想在现代社会中站稳脚跟，就必须处理好与上级、同事、下属之间的关系。高效的沟通也必将是三者之间有效率的、和谐的沟通，在创业团队中极为重要。与领导沟通要有足够的勇气和智慧；与同事沟通要真诚相待、互相帮助；与下属沟通要平等对待、推心置腹。

一、与上级的沟通

（一）与上级坦言以待，学会主动沟通

在生活中，与人坦诚相待可以反映一个人的优良品格；而在创业团队中与上级坦言

以待，主动沟通将会节省很多的时间，减少很多不必要的弯路，毕竟你的工作成果的初步监测是由你的直属上级来完成的。以理服人不是说服上级的最高原则，如果没有让上级感受到你的坦诚，即使你把一项事情的道理讲得非常明白，实际上也一点用都没有。因为人是有强烈感情色彩的动物，生活中情大于理的情况比比皆是，人往往在感情与道理之间侧重于感情，上级当然也不例外。在创业团队中与上级坦言以待，用真心去换取真心、用真心去换取理解帮助，才能融入这个大家庭。主动地与上级沟通，才会给上级留下好的印象，博得他的好感。

与上级沟通，诚实坦白的主动态度十分重要。下属有时碍于面子和人际环境的困扰，不敢主动与上级领导进行沟通。如果工作中存在问题，消极地逃避是不行的，而应主动去找问题存在的原因、主动与上级领导沟通，在得到上级的批评、指正和帮助的同时取得上级的谅解。消极地逃避，不仅无法获得领导的原谅，反而更有可能使上级领导产生误解。而在创业团队中，难免遇到一些工作"小白"，虽然他们热情饱满、有较高的创造力或创新性，但是缺乏社会经验，所以处理这种情况也需要前辈的帮助与指导。

与上级实现协调的有效沟通，对于营造良好的工作氛围，保持正常的工作心态，有着极为重要的作用。高效的沟通可以协调行为，无论对个人还是组织而言都具有十分重要的意义。

案例故事

一次，唐太宗李世民在宴请群臣后，酒后吐真言，对长孙无忌说："魏征以前在李建成手下做事，尽心尽力，当时确实可恶。我不计前嫌地提拔任用他，直到今日，可以说无愧于后人。但是，魏征每次劝谏我，当不赞同我的意见时，我说话他就默然不应。他这样做，未免太没礼貌了吧？"长孙无忌劝道："臣子认为事不可行，才进行劝谏；如果不赞成而附和，恐怕会给陛下造成其事可行的印象。"太宗不以为然地说："他可以当时随声附和一下，然后再找机会陈说劝谏嘛！这样做，君臣双方不就都有面子了吗？"

历史上广为流传的故事是魏征直言上谏，李世民虚心采纳，最终成就了贞观之治的佳话。然而，唐太宗晚年其实对魏征颇有微词，经常不愿听取其谏言，这与其经常在朝上直言顶撞有很大关系。这段史实说明，上下级之间不管关系多么和谐、默契，相互之间总是有猜疑或隔阂的。倘若魏征更好地掌握沟通的技巧，可能会更有利于自己的谏言被采纳。

组织内部人员在工作中面临同样的问题时，应如何处理好与上级的关系呢？有效的做法是：积极主动与上级沟通、协调。这样，既能够掌握信息，又能消除阻碍和误解，提高工作效率，让上级更多地了解自己，形成积极有益的双向互动，使自己与上级的关系保持在一个有利于工作推进的氛围中，形成轻松愉快的工作氛围。

（二）注意沟通场合，选择沟通时机

与上级沟通的场合可以分为正式场合和非正式场合。正确选择沟通的场合，不仅能给上级留下好印象，也能让自己更好地去利用场合，从而达到沟通的目的。例如，在会议上不要过多地纠结个人问题，不要上级一句你一句，将会议主题变为你个人问题的咨询解决；在下班路上不要询问工作中存在的巨大纷争点，因为这样的问题一两句话说不清，而要讲得明白就会耽误上级回家的时间。沟通时机的把握，往往会给你带来意想不到的结果。领导情绪稳定、精神状态良好、工作放松的情况下就是最好的沟通时机，而领导情绪大起大落、面带疲惫、工作繁重的情况下则最好不要去麻烦领导。当你正处于一个合适的场合又恰好遇到良好的时机，那么你就是非常幸运的，但一定要记得不要得意忘形、喜形于色，因为上级是不会对一个沾沾自喜的人有好印象的。

（三）与上级关系公私分明，把握交往尺度

对于创业团队来说，组织内的成员一般多是身边的同学、朋友。在团队内的身份地位、职务分工通常会有一定的模糊性，容易把私人交情带入工作，在工作场合呼朋道友，这是极大的禁忌。因此一定要公私分明，注意交往尺度，切勿工作与生活混为一谈。上级的权威不容挑战，即使他是你的师弟或者师妹。有些上级领导虽然能力不突出，但他之所以能担任这个职位必然是因为他某方面的突出表现。不要片面地认为一个人能力不行，太过自我主义会让你高估自己从而出现许多愚蠢的错误。更不要因为自己认识不足，而不去尊重上级，从最低层面上讲他也是你的上级，容不得下属去冒犯他的尊严。不要认为私下的交往人际不重要，这也是上级考评你的一个重要方面。我们这里是讲下属要公私分明，不能因为上级多关注你，你就享有什么特权；上级作为你的直接负责人，帮助你是因为他欣赏你，这也是我国职员晋升的惯例——上级提拔。但是我们又要掌握好分寸，不能无原则地扯关系、拉近乎，否则会给人留下盲目攀高的印象。

二、与同事的沟通

（一）真诚相待，互相帮助

在创业团队，一般来说同事都是你之前身边认识的人，所以会有一定的感情基础。即使如此，我们也应该以一份真诚的心去对待他们。沟通行为存在于我们接人待物的方方面面，只有你认真对待，别人也才会以此反馈你，从而达到和谐相处的目的，促使同事之间的相处更融洽。在一个组织内，同事间的关系也是很重要的，同事之间相处融洽，不但能激发工作热情，提高工作的积极性，还能起到团结互助、共同为团队奋斗的作用。在同事遇到困难、生活不顺时，可以多多关心、给予恰到好处的安慰和帮助。要有合作意识，有团队精神，不要因为鸡毛蒜皮的小事而针尖对麦芒，伤害感情。我们之所以要创建团队，是因为一个人的能力是有限的，即使一个人再优秀，个人也无法完成所有事

务，所以我们需要创建团队互相帮助。尤其是在创业初期，一切都才刚刚开始接受磨难与挑战，所以团队中的每一个成员都要团结起来，真诚相待，互相帮助。

（二）尊重对方，竞争合作

互相尊重是同事之间沟通的前提。圣经中有一句话："你希望别人怎么对待你，你就应该怎样对待别人。"这句话被大多数西方人视作工作中待人接物的"黄金准则"。在工作中，我们应该尊重同事，用谦和的心态欣赏他们的优点，乐于向同事学习，真心赞美他们的长处，保持乐观的心态和用幽默的方式与大家相处。聪明的人明白，不仅要在日常工作交往中获得同事的信赖，与同事互相帮助，更要在休息日、节假日出去聚餐玩乐积累"好人缘儿"、拓宽人脉。当然，与同事交往也要给双方留有余地。斤斤计较、分毫必争在没有定量的沟通中是毫无意义的。所以不要把话说得具有歧义，不要把事做得太绝，俗话说得好，"做人留一线，日后好相见"。

在创业团队中同事之间既然有合作，那么也就避免不了以个人为主体的竞争。而竞争要做到"友谊第一，比赛第二"。面对竞争，我们要有一个好的心态，要摆正态度。一是既要乐于竞争，又要看淡竞争。要以积极的态度对待竞争，把竞争作为提高自己能力的动力，在竞争中品味到工作和生活的乐趣。看淡不是说对过程的放松、对工作的敷衍、对成功预期的放弃，而是对结果的看淡；也不是让你不尊重对方，而是要有所认识，鼓励自己下次做得更好。在某些条件下，也许这个竞争并不适合你，那么就没必要霸占着不放手了，干脆地让给别人，对自己也有好处。正确认识竞争目的，把工作做好。二是既要勇于竞争，又要甘于适度礼让。当今社会，不管是何种组织，只要是群体就会存在竞争，所以不要畏惧逃避，要勇于站出来展示自己。勇于竞争不是指任何竞争都要去参与，而是选择自己有把握、有收获或者是有利于团队的才去争取。同时也要为他人考虑，在某些条件下，如果机会更适合别人，对别人来说也非常重要，而对自己不值一提，或是自己也无把握，那么最好能展现礼让的风度，在别人取得成功时送上真挚的祝福。

竞争时要讲究竞争的方法。首先，要了解自身竞争优势，挖掘自己的潜力。在同事之间要想有明显的竞争优势必须要具备这四样法宝：值得信赖的人品、优秀的才干、强烈的事业心、优于别人的业绩。俗话说："知己知彼，百战不殆。"了解自己、认识别人，在与别人的竞争中扬长避短、以长补短、使用策略，才能获得优势。竞争要公平公正，严格遵守相关规则，不要在背后下绊子、搞小动作、拉帮结派。即使通过歪门邪道的做法获得成功，也会让人打心底里看不起，自己还可能因为被揭露而败坏名声、遭人唾弃。要以正确的心态对待竞争的成败。虚怀若谷、与人为善和胜而不骄、败也不馁是对待竞争成败应有的肚量。在竞争过程中，如果遇到困难而竞争对手也无法解决时，就可以选择双方合作。尺有所短，寸有所长，有好的学习渠道，就应该好好利用起来。竞争之中必有你所需要学习的东西。总之一句话：通过竞争上岗，促进了解，加强合作；通过合作，互相学习，提高竞争能力。

(三) 相互理解，求同存异

相互包容理解是同事相处、团队合作的重要法宝。在合作的过程中，我们会对同事有更深入的认识，但是也可能会暴露出更多的缺点。所以在一定程度上，我们应该有所包容，给予谅解，而不是总是站在道德的制高点去指责别人。同时在合作中，我们也要擦亮自己的双眼，善于去发现别人的优秀之处，发现他的闪光点。"三个臭皮匠顶一个诸葛亮"，多一个大脑，多一双眼睛，多一双手，就会多一个角度看问题。即使意见不同也没关系，因为不同的思考角度总会产生一定的差异，所以不要把别人的想法当作另类，导致同事关系的恶化；更不应该在工作上耍小聪明，把责任推给他人。当自己的工作需要与同事合作时，应该从整体大局出发，综合考虑同事的想法，不能一味地强调自己的想法多么好、多么重要而不管他人，更不要以邻为壑，阻碍同事完成任务。要处理好主要和次要的关系，还要掌握好自己在其中扮演什么样的角色。自己担任主角时，不要扭扭捏捏，要有大将风度；别人展示时，也不要喧宾夺主、抢风头，要有绿叶精神。一般的情况下，应该对同事的工作给以配合、支持，帮助出主意，提供一些无伤大雅、力所能及的便利。如果同事的工作出现纰漏或疏忽，应该及时提醒或协助完成。在会议讨论中出现不同意见时，要摆正心态，仔细倾听别人的看法与观点，分析产生不同意见的缘由，求同存异。

三、与下属的沟通

(一) 重视下属意见，不搞一言堂

孟德斯鸠说过："绝对的权力将导致绝对的腐败。"深受传统官僚文化影响的中国更是处处显示出领导对事物的绝对的决定权。创业团队的上级应当倡导民主决策，树立一种新的理念，即在需要通过会议进行讨论与决策时，避免个人独断的一言堂，让各个参与的下属都有机会表达自己的建议和意见。领导要吸取别人失败的教训，认识到一言堂的危害，以及群体决策计划方案所带来的好处。团队在创建之初可能会有一言堂的情况出现，上级领导应当倡导下属说想法、表意见，不要把会议搞成一言堂。领导要重视下属的意见，通过不同的方法手段来激励大家参与到决策过程中来。首先，领导鼓励参会下属发表各自不同意见和建议时，可以暂时保留自己平常所散发的自信态度、语气和神态，不要让下属觉得领导已经胸有丘壑，那样下属会觉得领导只是随口一说，根本不会听取所谓的意见，下属为了避免当炮灰只会保持沉默。然后领导也可以将自己的计划有问题的地方指出给下属看，把问题的难点和挑战之处抛出给下属，通过头脑风暴的方式让下属提出好的解决方法。这样的做法对问题的解决不一定有效，但是能调动整个会议氛围，让大家的头脑都运作起来，一定程度上在一言堂未形成前可避免其趋势。当选择使用某下属的方案时，要注意其他下属的态度，对他们的自尊心进行一定的保护，不要让他们产生胜利与失败的悬殊对比。

在日常生活中领导者也可以多关心下属。例如在进行会议决策时，可以和对结果异议比较大的与会下属单独聊聊，一开始可以聊一些轻松的生活话题做铺垫，以缓和彼此之间紧张的气氛。然后，再切入正题聊一聊会议中的问题，切实、认真倾听与会下属的意见，并尽可能地排除该下属的消极情绪。

（二）推心置腹，信任下属

"感人心者，莫先乎情。"领导者在对下属进行一些劝告与说服时，从很大的程度上来说是在动之以情，当然他的前提是晓之以理。白居易有这样两句诗："功成理定何神速，速在推心置人腹。"如今时代虽已不同，但是道理仍旧如此。上级要保持良好的心态，懂得推心置腹才能让下属信任你。上级领导在和下属沟通的过程中应该用心聆听，站在对方立场、从对方的角度思考，下属才会真正接纳你、以心换心，而在平时工作中也要倾听下属心声和抱怨，了解下属的意见和建议。在工作中尽量减少对下属发号施令或使用命令式语气，避免下属反感和刺激他们的逆反心理，应该使用引导式语气和员工沟通，这样下属更加容易接受。

当然沟通不是越多越好、越仔细越好，适度的沟通才是有益的。有些上级经常处于这样的两种状态：其一是把工作任务分配下去后，自己放不下，总是忧心下属没有按照自己的要求工作，所以经常去下属工作现场监察或者一直找下属了解工作情况、过分强调一些内容。这种情况，上级不应过分忧虑，要该放权的放权、该授命的授命。其二就是过于相信下属的能力，在任务派分后就不闻不问，对下属工作的进展不做了解，只查收最终的成果，最后导致管理失控，这样不仅没有效果，还浪费时间。在创业团队中，领导、同事和下属三者之间建立信任是十分重要的，尤其是下属，上级对他的工作直接负责，所以会对他的要求格外严格，经常查验，但一定要充分信任下属，避免不信任所带来的危害。

（三）开放氛围，消除负能量

沟通氛围的营造是沟通成功的关键一环，在与下属的沟通中更是如此。在创业团队中形成一种双向互动的沟通文化，对团队的发展是十分重要的。好的团队沟通氛围包括平等交流的工作环境，也包含情感的交流，沟通不分等级，没有贫富和地位的差异。营造开放的氛围，在沟通中每个人都是主角。工作中大家会遇到各种问题，受到各种责难，听到各种抱怨，面临各种挫折甚至是刁难。尤其是普通员工，他们有可能面临着更为困难的环境和严峻的问题。所以，出现情绪是正常不过的。管理员工的情绪也是上级领导的重要工作内容。在看到下属脸色不大好时，可以跟他说声"多注意身体"或者"别太累了"。如果发现下属情绪普遍低落，可以组织一次集体活动，像吃饭、唱歌、团建等。在大家放松心情的同时，表扬、嘉奖一些员工，从而调动整个团队的工作激情。

当然，没有员工会直接告诉你"我情绪不好"，但他们会通过别的方式告诉你，有时候是表情，有时候是行为。你经常会看到每天上班前上级领导会过来迅速扫视一圈观察下属的表情，了解其精神面貌。当然，这样的做法不是每个管理者都采用的，但是它却十分有帮助。领导者可以获得一种快速感知别人情绪的能力。当然细心的上级也可以对每一位下属的情绪进行把握，建立一个员工的情绪档案，画出他们在一段时间内的情绪周期，从而做好预防工作。另外，在了解原因的过程中，要根据员工的性格特点选择沟通方式。对某些人可以单刀直入，对某些人则要旁敲侧击。

谈及沟通疏导情绪，就不得不提到著名的"霍桑试验"，相信这个心理学上的著名实验对管理者会有很大启示。

霍桑本来是一家生产设施非常先进的工厂，按理生产效率应该很高，但不知为何，工厂的生产状况让管理者并不满意，工人们也满腹牢骚。为了寻找原因，一组心理学家在这家工厂展开了一系列调查研究。这个实验有一个重要环节是"谈话试验"，在这一环节，心理学家必须耐心倾听所有工人的不满和意见，并做出详细记录。而且，他们不允许驳斥工人的意见。在长达两年的时间里，心理学家和工人的谈话超过了 2 万次。他们发现了一个很有意思的现象，在最初的谈话记录中，工人们充斥着不满与牢骚，而在后来的谈话中，这些抱怨声明显少了许多，而且工厂的生产效率大大提高了。经过分析，心理学家得出了结论：这些工人一直对工厂的很多管理制度不满，却无从发泄。而心理学家的谈话试验，恰恰让员工的不满情绪得到了充分宣泄，让他们心情更加舒畅，因而使得生产效率大幅度提高。后来，社会心理学家把这类社会现象统称为"霍桑效应"。

对管理者来说，这个效应有什么启示呢？答案显而易见，交谈与倾诉是宣泄负面情绪的重要渠道。所以，聪明的管理者会让员工敢于表达自己的不满与情绪。正因为这样，很多企业都设有领导接待日和领导信箱等，目的就是让员工畅所欲言。

高效的沟通，才能打造出优秀的创业团队。具备自上而下、自下而上、横向交叉的全方位动态沟通才能打破沟通障碍，使企业处于行业的领头羊位置。高效的沟通指的是有针对性的沟通。不同创业团队所面临的境况不同，从内部看包括成员组成、团队结构设计、管理模式、业务流程、团队文化等，从外部看包括经济环境、政治环境、文化环境、科技创新等都是独特的。创业团队在创设沟通渠道、沟通机制、沟通氛围等与沟通相关的条件时不能复制粘贴其他的企业。即使别人的东西是多么优秀、多么合理科学，但是对于你来说如果是无益的，就应该果断不理，而那些对于创业团队经营管理有益的，无论建立起来多么困难，都应该想方设法地将其融入创业团队的总体管理沟通模式。

复习思考题：
1. 高效沟通的技巧有哪些？应该如何应用于创业团队？
2. 在创业团队中实现高效沟通有哪些好处？
3. 如何实现团队内部的高效沟通？
4. 阐述在现代信息化社会高效沟通的发展。

阿里巴巴创始人马云：好领导，都是沟通高手

阿里巴巴集团控股有限公司（简称阿里巴巴集团）是以马云为首的 18 人于 1999 年在浙江省杭州市创立的公司，2021 年全年收入 7 172.89 亿元。阿里巴巴集团经营多项业务，也从关联公司的业务和服务中取得经营商业生态系统上的支援。业务和关联公司的业务包括：淘宝网、天猫、聚划算、全球速卖通、阿里巴巴国际交易市场、1688、阿里妈妈、阿里云、蚂蚁金服、菜鸟网络等。

在没有足够的经济实力以前，创业者的演讲能够吸引多少志同道合的人，几乎是马云创业或者成为领导者重要的一环。对于企业家和个人来说，拥有一种与人达成共识的能力是非常重要的。

所谓沟通，"沟"指的是信息交换，"通"则是指共识的达成。在我们的生活中，有"沟"没有"通"的对话比比皆是，你说你想说的，但听者却没有理解或不为所动。马云的"沟通力"不只强调"沟"，更强调"通"。马云可以说是最有思想力的企业家之一，他的演讲总是能令在场的听众热血沸腾、激情澎湃。马老师的"超级沟通力"的独到之处就是简单、直接、一针见血。所谓大道至简，应该就是如此吧。

马云认为，管理者和团队需要进行沟通。管理从沟通开始，沟通是管理的有效方式。企业塑造正确价值观的过程离不开有效的沟通。管理者要做出决策就必须从团队成员那里得到相关的信息，而获取这种信息的唯一通道就是沟通。他说："团队最关键的是要跟他们达到充分的沟通。"有一天，身在国外的马云正在候机。他打开了阿里巴巴企业内网，看到一个帖子，该帖倡导大家在内网中点燃"民主自由之火种"，以"直面社会的黑暗"。登上飞机后，马云花了 2 个小时写出一封长信，与入职不到 3 年的新团队成员谈心。其中有一段话是这样写的："我绝对没有那么可爱和具有吸引力，我深知自己这点水平和能力，我一定会让您失望，这我绝对保证。阿里也没有别人说的那么好，我们是一家在这个时代运气很好的公司，我们是群平凡得不能再平凡的人，我们在一起就是想一起做些不平凡的事。当然我们也没有外面某些人说的那么坏。我们只是一批年轻人，在做一件前人没有做过的事，我们在努力把现实和理想结合起来，我们在努力尝试，改变……"

马云非常重视与团队成员的沟通，并且他会通过各种方式和成员进行沟通。他一方面关注团队成员的心理变化，另一方面还不断地把自己的想法告诉团队成员。这让团队成员始终记着公司的宗旨，使他们经得起诱惑，不骄傲，不自满，始终保持斗志昂扬的状态。据阿里巴巴销售团队的成员所说，马云经常在大家不留神的时候出现，和大家聊聊业务，听他们反映工作中遇到的困难。如果有团队成员在工作上遇到了困难，他会不动声色地给些启发；如果有团队成员心情不好，他会用自己的乐观情绪引导他们走出低谷。团队成员都很喜欢这种方式，既不唐突，又能及时进行工作上的沟通。

资料来源：腾讯网，2019 年，略有删减.

案例分析题：

从上述案例中你能获得什么启示？从中你学习到了哪些高效沟通的技巧？

波音CEO："沟通失误"令人失望

波音，即波音公司，世界上最大的民用和军用飞机制造商之一。波音公司设计并制造旋翼飞机、电子和防御系统、导弹、卫星、发射装置以及先进的信息和通信系统。作为美国国家航空航天局的主要服务提供商，波音公司运营着航天飞机和国际空间站，还提供众多军用和民用航线支持服务，其客户分布在全球90多个国家。就销售额而言，波音公司是美国最大的出口商之一。

但在2018年至2019年期间发生了两起波音737MAX客机空难事件，在波音737MAX客机被全球停飞近三个月之后，波音公司CEO向公众承认，他们在处理波音737MAX客机隐患的过程中存在"沟通失误"。而航空业界则担忧，MAX客机引发的这场"风暴"可能将会对价值1 500亿美元（约合人民币10 387亿元）的整个航空业界产生深远影响。

据美国全国公共广播电台（NPR）6月16日报道，波音公司的CEO丹尼斯·米伦伯格在当天抵达巴黎，参加将于6月17日至23日举办的巴黎航展。接受记者采访时，米伦伯格提到了已在上个月被波音公司承认的"分歧警报器"问题，并承认波音在此事上出现了"沟通失误"。

"分歧警报器"的功能是在机头两侧迎角传感器的读数出现分歧时提醒驾驶员。但是，在2018年与2019年的两次空难中，这个警报器都没有被激活。波音公司在4月底承认，他们把这个重要的警报功能放在了"额外安全套餐"而不是标准配置里。而美国联邦航空管理局（FAA）则发现波音在2018年狮航空难发生前关闭了所有MAX客机上的分歧警报器，并且没有通知FAA和全球航司客户。

此后《华尔街日报》更在5月份爆料称，波音的工程师们早在2017年就发现MAX客机上的警报系统存在问题，但在内部审查后决定将其搁置。该报称，在狮航空难发生前"连波音高层都不知道此事"，而波音公司更是直到埃航空难发生后才开始向航空公司提供关于这个问题的信息。

从这个惨痛的案例中，我们可以了解到团队及时沟通并保持高效沟通的重要性。

资料来源：Alan Levin. 彭博社，2020年，略有删减.

创业团队管理

扫码观看视频

林印孙：乌金之秘

视频中，正邦集团董事长林印孙讲述了自己的创业经历，如何与农民和政府沟通合作，怎样与外资沟通拉投资，怎样组织实习等。我们可以明显发现他对不同群体的沟通方式和表达内容都不同。同学们可以通过他的沟通经验去领悟"如何实现高效沟通"章节中对三类人的三种不同沟通知识点，还可以借鉴学习林印孙面对猪瘟危机的管理措施和步步扩大整体发展的管理理念。

第七章 团队激励

激励问题是现代组织机构中人力资源管理的重要内容。如果一个管理者在工作中不懂得运用激励艺术,就较难很好地完成管理工作。团队管理者有意识地运用正确的激励理论能够有效地指导激励实践。本章在定义激励的基础上阐述激励机制、激励原则、国外激励理论以及常见的激励方式。在对激励理论充分阐释的前提下,通过相关案例结合实际展示激励实践,为团队管理者提供效果显著的建设性参考,帮助管理者做好团队激励。

第一节 什么是激励?

一、相关定义

(一) 激励

一般来说,当提到"激励"一词时,人们首先认为其与"励志"一词同义,具有激发、鼓励的意思。但"激励"在中文中也包括了训导、批评的意思。激励的英文单词是 motivation(名词), motivate(动词),词性虽然不同,但都表达出了诱因、动机的意思,可见两者的含义具有一定的关联性。motivate 来自拉丁语,包含着两个基本的含义:一是为人们提供一种动机,诱导、驱使人们的心理和行为做出期待的某种改变;二是通过某种特殊的方式去激发人们对某种事物的兴趣。对应地,motivation 包含着三个基本的含义:一是指被激励的过程;二是指一种驱动力、诱因;三是泛指人们受到激励的状态。

"激励"作为学术词汇，广泛出现在管理学、经济学、心理学、电学等多个领域。由于研究视角的不同，对激励的定义存在着不同的理解和认知。但目前对激励的研究主要集中在两个领域。

一是经济学中的激励机制研究。即根据委托代理理论，针对经济激励措施存在的问题，进行关键制度设计，并将这些研究应用于不同的对象（企业、税收、政策）。经济学的"制度激励"将人的个性、偏好和动机视为一个稳定不变的"外生变量"。基于信息不对称博弈的委托代理理论是通过关注"经济人"行为最大化的制度设计而形成的。

二是管理学中的激励机制研究。即分析激励因素和激励过程，提出激励措施，形成外部激励、内部激励和心理契约等方面的研究。管理激励是在行为科学的基础上发展起来的，它关注人的本质、需要、动机、目标和结果及其相关机制，认为这些是决定人力资本激励效率的基本因素，从而形成了各种行为主义激励理论。

无论从哪个领域研究激励的定义，都必须考虑以下四个方面的内容。即在某个特定领域中，激励的对象是什么，采取怎样的激励方式，激励的目的是什么，怎么使激励发挥作用。

在管理学中，激励的对象是个人以及由个人组成的组织。激励的方式是多种多样的，但归根结底只有奖励性措施和惩罚性措施。激励的目的是发掘和激发员工的潜力，促使员工在工作中做出正确的、合适的行为来提高工作绩效，从而增强团队竞争力，推动团队发展。在管理者激励员工时，及时沟通是激励发挥作用的不可或缺的方式。通过及时沟通，管理者和员工互相传达各自的需求，需求得到满足后，就使激励发挥了作用。

（二）激励机制

大量的科学研究表明，在企业的生产过程中，员工最终所表现出来的工作能力普遍不高，低于其自身总能力的30%。因此建立和实施激励机制，就是为了最大程度上发掘并激发出员工的潜力。

机制是使各个要素之间能够持续发生作用的一种程序和体系。激励机制是通过特定的方法与管理体系，将员工对组织及工作的承诺最大化的过程，是在组织系统中激励主体系统运用多种激励手段并使之规范化和相对固定化，而与激励客体相互作用、相互制约的结构、方式、关系及演变规律的总和。

设计激励机制的核心内容是行为规范和分配制度，目标是实现个人和团队的共同发展。激励机制通过行为规范和分配制度将个人和团队构成紧密联系，最终实现个人和团队的双向发展。

相关研究和事例表明，建立有效的激励机制，对个人、团队、企业的发展具有良好的推进作用。不同的激励机制有不同的激励效果。要建立一种适合团队自身发展的激励机制，就要理解和掌握各种激励原则和激励理论，并要在立足实情、尊重客观规律的基础上进行不断的探索和尝试。

二、激励原则

激励原则是激励机制的灵魂,是建立和实施激励机制的指导方针。只有在激励机制中协调统一各种激励原则,激励机制才能更好地发挥作用。

(一) 公平性原则

公平性原则是激励机制的基础原则。激励机制应该是符合大多数员工利益的机制,绝大多数员工会有被平等对待的感受。激励机制下的每个员工人人平等。管理者在实施激励机制时,处理事情要合情合理,不偏不倚,让员工产生公平感。而不公平的待遇则会使员工产生消极的工作心理和态度。同时由于激励机制的激励主体是团队中的管理层,他们的行为具有一定的权威性和引导性。实施公平的激励,对于管理层来说就是以身作则,能够为员工树立起精神榜样。

公平是人类永恒的追求,公平只能是相对的,而不是绝对的,绝对公平是不存在的。公平性原则也并不意味着平均主义。在实际情况中,每位员工对团队的贡献是不可能完全一样的,那么管理者在制定激励机制时就应该合理地反映出差异,这也是公平的一种体现。

(二) 目标一致原则

所有的激励都是为团队利益服务的,脱离了团队利益,激励就无从谈起,毫无意义。对个人来说,目标便是最好的激励,有了目标就有了动力和激情。对于团队中的个人来说,个人与团队是利益共同体,所以不仅要有目标,而且个人尽量要有与团队发展相似的、相同的目标,即个人目标要建立在团队目标上,以团队目标带动个人目标发展,才能心往一处想,劲往一处使,这样才能发挥激励的实际效果。

(三) 多样化原则

多样化,一是员工的多样化。在团队管理工作中,激励客体是具体的员工。每个员工都是不同的个体,都有自己相对应的职能和工作,发挥着独一无二的作用。管理者必须要认识到个体差异是客观存在的,激励时要因人、因地、因时而异。二是激励方式的多样化。常见的激励方式有很多,如物质激励、精神激励、正向激励、反向激励、内部激励等。但任何单一的激励方式都存在着一定的局限性,不可避免地有着这样那样的问题。而激励主体综合运用多种激励方式可以在最大限度上满足各类员工的需求,实现激励效果的最优化。因此,在制定和实施激励机制时,面对激励客体要坚持多样化原则。

(四) 适度原则

不适度的奖励和惩罚不仅会导致无法收到预期的美好效果,还会适得其反,直接产生不利于个人和团队良性发展的后果。过度的奖励会让员工产生盲目自信和骄傲的态度,而过轻的奖励则会让员工产生不被重视的想法，使激励机制发挥不了激励的作用；过度的惩罚会让员工丧失对工作的信心，产生消极的工作情绪，过轻的惩罚会让员工不能正确认识自己的错误，依旧我行我素。

三、激励理论

激励理论是研究激励对象、激励方式、激励时机等因素对员工工作积极性的影响的系统理论。近现代以来，激励理论依托着管理实践产生和发展。具有代表性的激励理论是西方学者提出的双因素激励理论、行为改造激励理论、过程激励理论和综合激励模式理论。这四种激励理论虽然研究的起点不同，但在内容上是相互补充的。需要注意的是，这些理论都是建立在西方资本主义经济和西方文化的基础上，带有鲜明的西方色彩，不具有普遍适用性。在借鉴和学习的过程中，团队管理者要结合实际情况对其选择性地吸收和运用，不能简单套用。

（一）双因素激励理论

1959年，美国管理理论家、心理学家、行为科学家弗雷德里克·赫茨伯格提出了双因素激励理论。该理论也被称为"激励因素—保健因素理论"。

20世纪50年代末期，赫茨伯格和他的助手们调查访问了美国匹兹堡地区的11家企业中的200名员工。这次访问集中在两个问题上：一是他们对工作中某些事物的满意程度，以及他们估计该种积极情绪的持续时间；二是他们对工作中某些事物的不满意程度，以及他们估计该种消极情绪的持续时间。在整理和分析员工对这些问题的回答后，赫茨伯格发现了影响员工工作满意度的两个因素。让员工感到满意的是工作本身或工作内容方面；让员工感到不满意的是工作环境或工作关系方面。前者被叫作激励因素，后者被叫作保健因素。

在工作本身或工作内容方面影响员工工作满意度的因素是激励因素，理论上包含了工作强度、工作难度、发展前途、员工责任感、身份认同感、工作成就感等。当缺乏激励因素时，会引起员工的不满，但影响微乎其微。

在工作环境或工作关系方面影响员工工作满意度的因素是保健因素，理论上包含了团队中的人际关系、组织文化、薪酬、职位等。保健因素就如保健品的功能一样，虽然不能治疗疾病，但是可以产生强大的心理作用，起到辅助治疗的效果。运用到管理中，就是当员工得不到这方面的满足时，会感到不满意，从而影响工作；但是当员工得到这方面的满足时，只能消除不满，却不一定会满意，因此不会调动员工们的工作积极性。

双因素激励理论产生后，作为著名的激励理论之一，被广泛应用于各种激励机制、激励方法的研究中。但双因素激励理论也存在着一定的局限性。从研究对象来看，美国匹兹堡地区的11家企业中的200名员工作为被研究对象，他们都只能代表发达国家的知识型员工，无法成为广大员工群体的代表，研究对象具有局限性。从方法论的角度来看，该理论的激励因素、保健因素都属于外部激励因素，并没有说明内部的激励因素，方法论存在局限性。

在双因素激励理论的假设下，两种因素具有不同的作用。只有在认识到保健因素必要性的基础上，不断重视和强化激励因素，来提高员工的工作满意度，才能对员工产生持久强大的激励效果。

（二）行为改造激励理论

行为改造激励理论是美国心理学家、行为科学家斯金纳提出的，该理论又被称为"强化论"。在行为改造激励理论诞生之初，人们运用该理论来训练动物。后来，该理论经过不断发展被运用到人力资源管理中。该理论认为，人的行为是环境的产物。在团队中，工作环境深刻影响着员工的行为。当员工的行为对自己产生积极影响时，员工会加强或重复这种行为；当员工的行为对自己产生消极影响时，员工会削弱或改变这种行为。

该理论具有四种基本的强化类型：正强化、负强化、惩罚以及忽视处理。

正强化，即积极强化。在行为发生后，激励主体立即采用激励方式来肯定这种行为，如升职、加薪、口头表扬、赞赏等，激励客体感觉获利颇丰，便会加强或重复该行为。

负强化，提前告知某种不符合规定的行为产生的消极后果，允许人们按照规章制度采取措施避免不符合要求的行为，来防止陷入一种令人不快的处境。

惩罚，即当某一不合要求的行为发生以后，激励客体受到了如批评、停职、罚款、赔偿、降职、开除等强制性、惩罚性措施，使激励客体对获得奖励和赞赏的美好希望化为泡影。激励客体感觉到自己的行为会产生不利影响，从而减少或消除消极行为。

忽视处理，即撤销对所有行为的强化，对员工的任何行为不予理睬。当一种行为长期得不到强化，就会消失。

行为改造激励理论充分认识到了外部环境对人自身的影响，量化了员工的行为，这是该理论的进步之处。但其简单化了人的主观能动性，忽视了人们的内在因素对外部环境的反作用。

该理论启示管理者：在管理工作中，管理者可以运用改造工作环境的方法，规避员工的不规范行为，从而减少或消除消极行为，把消极行为改造为积极行为，再持续加强积极行为，达到激励的目的。

（三）过程激励理论

过程激励理论是指侧重于研究人从动机产生到采取行动的心理过程。它的主要任务是找出对行为起决定作用的某些关键因素，弄清它们之间的相互关系，以预测和控制人的行为。这类理论表明，要使员工出现团队期望的行为，必须在员工的行为与员工需要的满足之间建立起必要的联系。

过程激励理论主要包括期望理论、公平理论与强化理论。

1964 年，美国著名心理学家、行为科学家维克托·弗鲁姆在《工作与激励》中提出了期望理论，期望理论又被称为"效价—手段—期望理论"。该理论认为激发人们实现目标的两大原因是"效价"与"期望值"。在管理学中，"效价"是指某项工作或目标对满足个人需求的价值。价值越高,激励效果越强;价值越低,激励效果越差。"期望值"是个人凭借经验推断目标完成的可能性的主观估计,达成目标的可能性越低,期望值就越小;达成目标的可能性越高,期望值就越高。

期望理论的数学公式表达式:$M = \sum V \times E$。

M 表示激发力量,V 表示效价,E 表示期望。该公式表示激励效果取决于效价和期望的乘积。

1965 年,美国心理学家、行为科学家斯塔西·亚当斯提出了公平理论,公平理论又被称为"社会比较理论",该理论侧重于研究劳动报酬分配的合理性与公平性对员工工作积极性的影响。

公平理论的基本内容是:当员工完成工作并获得劳动报酬后,会思考自己得到的劳动报酬是否合理,同时总会有意识或无意识地将自己的付出及报酬与他人进行比较,并对公平与否做出自己的判断。比较的结果将直接对员工未来的工作积极性产生巨大的影响。

公平理论同样可以用数学公式来表示。设当事人 a 和被比较对象 b,当 a 感觉到公平时下式成立:$\frac{O_p}{I_p} = \frac{O_a}{I_a}$。其中 O_p 表示自己对所获报酬的感觉,O_a 表示自己对他人所获报酬的感觉,I_p 表示自己对个人所做投入的感觉,I_a 表示自己对他人所做投入的感觉。当等式不成立时,员工感受到被区别对待,觉得不公平,工作积极性下降;当等式成立时,员工感受到了公平,工作积极性可能会持平或上升。

公平理论的核心是比较。无论是将自己的付出和收获比较,还是将自己和他人比较,都是人的主观能动性作用的结果,所以比较的结果会因为个人的认知水平产生不同程度的差异,这样公平容易受到主观判断的影响。然而,公平理论对管理者也有重要的启示:科学的绩效考核体系和薪酬体系以及合理的用人晋升制度会营造出团队公平合理的氛围感,使员工们主观上产生一种被公平对待的感觉。

(四) 综合激励模式理论

综合型激励理论主要是将上述几类激励理论相结合,把内、外激励因素都考虑进去,系统地描述激励全过程,以期对人的行为有更为全面的解释,克服各种激励理论的片面性。最具有代表性的综合激励模型是由美国行为科学家爱德华·劳勒和莱曼·波特联合提出的一种激励理论,该理论被称为"波特—劳勒期望激励理论"。

"波特—劳勒期望激励理论"认为,工作绩效受到努力程度、环境、能力、认识程度这四个维度的影响。工作绩效是核心因素,良好的工作绩效是获得奖励的前提,无绩效则无奖励。当工作绩效让员工获得内外奖励,产生公平感时,员工得到满足,从而推动员工进一步努力取得更好的工作绩效,形成一种良性循环(见图 7-1)。

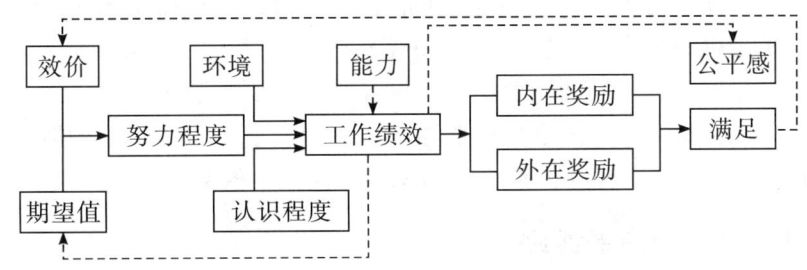

图 7-1　波特—劳勒期望激励理论

注：实线表示因素之间的因果关系，虚线表示反馈信息。
资料来源：陈国权. 组织行为学 [M]. 北京：清华大学出版社，2023.

第二节　团队激励策略有什么？

一、激励的主要形式

（一）物质激励与精神激励

物质是人类生存和发展的基本需求。物质激励作为最主要、最直接的一种激励手段，就是通过物质手段使激励客体得到物质利益上的满足，注重生理层面的需求，如工资、奖金、股权、津贴等。一般来说，物质激励是每个员工都需要的，这也是他们参加工作的根本原因。

精神是人类心理状态的反映。精神激励是一种无形、潜移默化、影响深远的激励手段，就是通过非物质手段使激励客体得到精神需要上的满足，注重心理层面的需求，如赞赏、表扬、关怀、授予荣誉称号等。精神激励本质上是一场思想教育，也是组织践行的以人为本理念的体现。当员工已经具备足够高的薪资等基本因素时，物质激励能产生的绩效提升效果会大打折扣，此时精神激励会成为更好的方式。

（二）长期激励与短期激励

激励贯穿于团队成员工作的全过程。实施长期激励是为了让员工提高对团队长远利益的关注度，使员工减少一些只为实现短期目标的行为。长期激励能够在提高员工工作积极性的同时吸引人才、留住人才，保持核心成员的稳定，有利于团队的可持续发展。长期激励的激励客体通常是团队中的高级管理人员和核心技术人员。在现代企业中，企业员工持股计划和高级人员的股份期权是最常见的长期激励计划形式。

短期激励基于团队短期的或部分目标，主要针对的是团队中的普通员工。实施短期激励，能够起到立竿见影的效果。

在创建团队初期，由于资金流动的限制，适合采取以短期激励为主的激励方式，结合长期激励对员工进行承诺，激发其工作积极性。团队进入发展成熟期后，团队的运行机制比较完善，已经拥有强大的竞争力，持续保持盈利的状态，这时可以通过丰厚的薪酬留住人才，采取大量的短期激励措施刺激脱颖而出的优秀人才。当团队发展进入衰退期，为了挽回团队的损失，东山再起，这时采取短期激励效果最佳。

（三）外部激励与内部激励

外部激励是指通过外部因素进行激励，如奖酬、升职，主要是管理者在物质上激励员工，激励的力量来自外在的管理者。外部激励的作用显著，且长期处于主导地位。

内部激励是指通过内部因素，实现员工自己直接驱动自己。这是一种自我激励的方法，是激励的最高境界。当员工主动而不是被迫拥有了工作目标，发自内心地甚至不求任何回报地去工作时，这将是一种持久的力量。

单一的外部激励或内部激励的作用都是有限的。在管理中，将外部激励与内部激励综合起来会起到事半功倍的作用。

（四）正激励与负激励

正负激励即奖励和惩罚。正激励是对员工行为的肯定，目的是鼓励员工继续保持该行为，常见的正激励形式包括表扬、升职、奖金等。负激励是对员工行为的否定，目的是制止员工继续该行为，激发员工的正能量，常见的负激励形式包括批评、降职、开除等。

正激励相对于负激励而言，常常需要考虑"成本问题"。在实施正激励时，无论是采取精神激励的方式，还是采取物质激励的方式，都需要管理者付出成本，有时成本是巨大的。正激励的目标设置，可以是常规目标，但更多的是超常规目标，所以能产生更大的管理效益。而负激励的目标只是为了保证管理常规目标的实现，它的基本作用对象是人的各种消极、被动抵触的心理和行为，它不存在对人在心理和物质上的任何满足，反而是对人需求的一种克制。正激励对人的行为只具有导向性，而负激励具有约束性。因此，正激励和负激励互为补充、相辅相成，在正确运用时具有同等的激励作用。在团队管理中，管理主体要注重正激励，同时也要运用负激励进行补充，形成双向互动的正负激励机制。

二、激励的常用方法

（一）表扬

1943年，美国心理学家亚伯拉罕·马斯洛在其著作《人类动机理论》中提出了需求层次理论。根据该理论，人类有五个层次的需求：生理需求、安全需求、社会需求、尊重需求和自我实现需求。这五个需求就像一个从低到高的台阶。当一个人站在较低的台阶上时，意味着他的需求层次比较低。较低层次的个人需求得到满足时，此人就会上台阶，更高的台阶表示较高层次的需求。其中，社会需要又称归属和爱的需要；尊重需要是指自尊和被他人尊重的需要，包括对声誉和地位的渴望，以及对个人能力和工作成就的认可。社交需求和尊重需求都属于较高层次的需求。

表扬，即公开赞赏，可以是口头表扬或者书面表扬，是典型的正激励。表扬意味着管理者对员工行为的重视与认可，着眼于员工精神品格和工作中优秀的一面，目的是对员工行为进行肯定并希望该行为能够重复。员工得到表扬能够满足其社交需求和尊重需求。在团队管理中，表扬是一门艺术。表扬一个员工，在激励该员工的同时也为其他员工树立了榜样，榜样具有的激励作用将会再次发挥，团队中的每个成员都将直接或间接地得到激励，这就是表扬的力量。

有效的表扬是建立在细节上的，有个性的表扬相比千篇一律的表扬有更加强烈的激励效果。这就要求管理者在表扬员工时，要关注个体差异，联系客观情况，及时表扬，把握表扬的频率。

（二）批评

批评，与表扬相对，属于负激励的一种。批评是对存在缺陷、错误的行为及其行为个体提出中肯的意见。批评的目的是改正不足或错误，追求完善。近年来在团队管理中，开展批评与自我批评已经成为一种常见的激励方式。1996年，华为内部正式的管理大纲《华为基本法》诞生了。华为公司在《华为基本法》中把"谦虚谨慎，戒骄戒躁，勇于批评与自我批评"作为员工十三条守则之一。华为主要创始人之一任正非在自己的文章《为什么要自我批判》中明确指出：华为的管理还不规范，只有不断地自我批判，才能使华为尽快成熟起来。华为不是为批判而批判，不是为全面否定而批判，而是为优化和建设而批判，总的目标是要导向公司整体核心竞争。

批评是出于善意的动机，所以首先要实事求是，客观地对待人和事。其次要坚持适度原则，过度的批评违反了人们的社交需求和尊重需求，是不被需要的。所以在批评员工时要注意场所，尊重员工的人格，点到为止，让员工明白为什么错了、错在哪里即可，避免上升到人身攻击。在批评时，管理者面对的是有个性的人，面对不同性格的员工需要采取不同的批评方式。

自我批评就是自我反省，借助他人这一面镜子不断认识自己、完善自己。真诚的自我批评能够让自己虚心学习团队内其他成员的优点长处，不仅能提升自己，也能优化同事之间的人际关系，为提高工作绩效提供一个良好的工作环境。

（三）奖励

奖励，是指给予荣誉或物质来鼓励，是表扬的进一步发展。奖励的对象是组织中的优秀成员，可以是工作态度认真积极取得佳绩的成员，也可以是出勤率最高的成员，还可以是为团队发展提出有效建议的成员等。

发放年终奖是企业奖励员工的一种常见方式。比如最近市场异常火热的两大手机游戏:《阴阳师》和《王者荣耀》。《阴阳师》和《王者荣耀》虽然是不同公司研发的游戏APP,但两个公司都为游戏团队发放了数额巨大的年终奖。其中,网易公司为《阴阳师》团队发放了 60 个月的奖金,而腾讯公司在 2016 年为《王者荣耀》团队发放了人均高达 140 万元的年终奖,最低分红也达到了 60 万元。

三、激励计划

(一) 组织激励计划

  团队内的成员需要合作完成工作任务,团队与团队之间也需要强强联合,也会产生新的合作团队。在经济全球化迅速发展下,团队合作越来越重要,团队激励计划便应运而生且被广泛运用。团队激励计划是一种基于集体绩效的薪酬管理模式。团队成员共同努力实现团队绩效。组织按照一定的绩效评价标准对团队的绩效进行合理的评价,并根据团队的绩效给予团队整体的薪酬。组织对团队的奖励反过来又促进了团队绩效水平的提高;团队按照适当的分配标准,将组织的激励性薪酬重新分配给团队成员,以提高成员的个人满意度,进一步促进团队成员共同努力,实现新的团队目标。

  团队激励计划实际上是组织成员基于团队目标和个人目标的恰当结合,首先注重的是团队整体绩效,其次是团队成员的个人贡献,如果不能有效提高团队的整体绩效,团队的存在就毫无意义。所以即使一个团队成员的个人贡献再大,也不能得到奖励。通过团队激励计划的有效实施,理顺组织与团队、团队与团队成员之间的利益关系,可以使团队成员更加紧密地团结在一起,与团队同甘共苦,从而实现团队与员工的双赢。这体现了激励的目标一致性原则。收益分享计划是团队激励计划中比较具有典型意义并且也是运用最广泛的一种形式。

  团队激励计划常见于全国各类大学生创新创业类、竞技类团队竞赛,团队整体绩效是最首要的,如果项目中断或者失败,则不存在对任何成员的奖励。只有在项目取得成功、团队获得奖励后,才有可能对奖励再进行内部分配。在组织中,团队激励计划赋予员工分享组织利润的权利(这种分享与利润分享不同,尽管有些是以利润的形式)。但大多数员工觉得他们对企业利润的影响很小,而高层管理者对企业利润的影响很大。因此,收入共享计划被认为是将成本节约带来的收入分配给企业和员工的计划。

  团队激励计划的优势是显而易见的。通过薪酬捆绑,员工所有的工作绩效为组织服务。一荣俱荣,一损俱损。如果组织的工作绩效不达标,那么身处团队之中的员工无论付出多少努力,所得的薪酬都统一减少。扼住团队的经济命脉,也就是扼住了个人的经济命脉,从而促进团队合作。团队激励计划的缺点同样显而易见。采用组织激励计划,那么个人的努力和回报之间的关联性就比较小。在缺少合理的监督机制和再分配机制下,员工容易偷懒,浪费资源,造成生产力的损失。

（二）个人激励计划

个人激励计划是指根据个人的工作绩效来确定薪酬水平高低的激励性报酬。虽然是工资与工作绩效挂钩的工资形式，这意味着多劳多得，少劳少得，不劳不得，但有效的个人激励计划是一种基于科学的薪酬标准和管理程序的薪酬体系。个人激励计划是针对不同岗位的员工和相同岗位上因为各种主客观原因导致工作绩效与组织的规定绩效指标不符合的员工，他们的部分或全部的薪酬与绩效完成度挂钩，所以薪酬是浮动的，体现了按劳分配原则。

个人激励计划在激励和成本控制两方面具有优势。从激励的角度来看，因为员工的薪酬受到组织规定的工作绩效指标和个人工作绩效完成度的影响，所以员工重视组织规定的工作绩效指标并为此付出努力，从而通过加强个人努力，完成组织规定的工作绩效指标，获得更多的薪酬。从成本控制的角度上看，个人激励计划是管理者根据组织盈利状况制定的，只能按照个人激励计划给员工发放激励性报酬时，此时激励性报酬是固定的。如果管理者不对工作绩效突出的员工进行奖励，那么该员工就可能离开组织，或改变努力程度以符合他们得到的工资报酬。个人激励计划不仅使绩效完成度高的员工得到了奖励，同时也能保留优秀的员工，为组织节约了人力成本。

然而，个人激励计划也存在缺陷。一是工资绩效不仅受到个人努力程度的影响，也会受到外部因素如管理政策、同事、客户和工作环境等影响。外部因素大都处于管理者的控制之下，难以避免对员工做出的任何绩效评价带有主观色彩，可控性不强，这就违背了公平性的激励原则。二是由于个人激励计划是针对个人的，但一旦工作的完成需要团队的合作，在竞争激烈的情况下，对回报的竞争会破坏团体间的关系，导致个人工作与团队工作处在相悖的氛围内，关注个人绩效的员工被迫进行竞争，甚至可能会产生不符合道德和法律的行为。对于只有团队合作才能取得成绩的组织，就不适用个人激励计划了。

第三节　如何实践团队激励？

一、明确激励对象

人力资源是团队最基本、最核心的资源。"团队"包含"人"和"才"，"人""才"的缺少意味着团队的瓦解。团队运营离不开人的活动，研究表明，一个团队中80%的工作是由20%的人完成的，这就是团队骨干人员的作用。在市场经济条件下，企业如果不追求效率和效益，这样的企业就没有生存之本，所以企业发展必须体现效率优先的原则。因此，团队必须时刻关注这20%的骨干力量，并不断地加以培养和激励，以此来带动团队中另外80%的员工。

进行团队激励的第一步，就是要明确激励对象，在众多的员工中慧眼识珠，甄别出骨干员工。学术界目前对骨干员工的定义尚无共识，但对骨干员工的定义主要集中在以下四个方面。

一是具备的能力素质。核心员工是位于团队、企业关键岗位上的人员，他们了解团队和企业的核心价值观，具有不可替代性、专业性、知识性，经验丰富。核心员工包括新技术的创造者、具有卓越管理技能的企业家和经验丰富的销售经理等。

二是价值或贡献。核心员工是与团队、企业业务利益直接且显著相关的人，如技术创新与研发、经营成本控制、客户满意度以及人员配置与建设等人员，其工作成果对企业的成功具有直接且重要的价值贡献，如果离开这些员工，团队、企业可能会失去技术、客户等方面的竞争优势。

三是岗位重要性。岗位的重要性价值属性，决定了在团队、企业中从事重要性程度高或较高岗位的员工首先可能成为企业的核心员工。

四是不可替代性。市场供应的稀缺性决定了相关岗位的员工在特定的时间段或经营环境内部，也会成为一定意义上或者某些方面不可代替的员工，并由此而成为团队、企业的核心员工。

需要特别注意的是，骨干员工不一定是团队、企业现有的。他们还可能是在团队、企业刚建立之初就为团队、企业发展立下汗马功劳却已经离职或退休的老员工。之所以要激励他们，是因为他们掌握着团队、企业的机密和发展资源。除此之外，具有巨大潜力的员工也属于骨干员工。当他们受到激励时，工作潜力被激发，将会对团队、企业做出巨大的贡献。

二、明确激励目标

目标是诱导个体行动的心理引力。激励目标就是工作绩效目标的确立，指引着团队成员及团队的努力方向和努力程度。

激励目标对于不同的激励客体意味着不同的价值。激励目标的价值大小主要受到两个因素的影响。一是目标难度。目标的难度过低，则无法发挥激励的作用。但当目标的难度过高，激励客体发现自己竭尽所能也无法达到目标的时候，又会挫伤积极性，同样无法发挥激励的作用。当目标具有一定的挑战性时，激励客体通过付出较多的努力来实现目标，便达到了激励效果。因此激励主体在制定激励目标时，既要从团队发展的实际情况出发，也要从激励客体现有的实际水平出发，采用大目标、小步骤的方法，把大目标分解成若干个小目标，从而鼓励激励客体不断完成小目标，最终完成大目标。二是目标的明确性，激励的目标是多方面的，既有物质的，也有精神的；既有奖励的，也有惩罚的。能够用量化标准考核的，尽量数字化，如降低成本多少，提高产量多少，增加销售量多少，使激励客体易于理解和接受。

从多个激励目标选择方案中确定最优激励目标的一般方法是比较每个激励目标的价值，这为研究激励目标的价值提供了依据。然而，这种比较是有限的，可能不够准确或难以直接确定。因此，需要用一定的办法把激励目标之间两两对比的结果结合起来确定一组权重或权系数，权重值最大者即为最优方案。

三、实施分类激励

分类激励，即差异化激励。管理者对团队成员的精准判别和分类管理，针对不同属性的员工进行适当的激励，能够最大化提高团队工作效率。

实施分类激励的关键在于管理者对员工的角色和需求定位的认识。员工的角色和需求不同，那么在选择激励方式上就存在差异。当某种激励方式不能满足激励客体的需求时，该激励方式的效果就是有限的，甚至是无效的，还可能会产生反作用，就需要激励主体改变激励方式。某种激励方式能够满足激励客体的需求，该激励方式就是有效的。但不能长期使用同一种激励方式，因为长期相同的激励方式不符合人的心理发展规律，重复的激励方式会使激励客体产生厌倦、疲倦的感觉，不能发挥良好的激励作用。

创新创业团队的成员绝大多数都属于知识型员工。根据员工的工作职位和工作能力可以将知识型员工划分为高层次、中层次和低层次三个类别。

1. 低层次知识型员工

低层次的知识型员工一般是团队中的基层管理者、普通技术人员、普通销售人员等承担简单基础工作的员工。他们具有如下的特点。

（1）充满活力，敢于创新和改革。作为职场中的年轻人，有着初生牛犊不怕虎的勇气，同时也想向领导者尽快展现自己的才能，渴望得到别人的认同和赏识，所以敢于接受困难而复杂的任务。

（2）对组织归属感不强。一方面，他们工作时间较短，可替换性强。另一方面，他们初入职场，稚气未脱，急于求成的心态使他们比较浮躁。一旦事与愿违，那么他们选择离开团队另谋出路的可能性较大。

（3）强烈渴望升职。他们作为职场的新人，大都处于职业生涯的新阶段，对未来的职业生涯充满了美好的想象。他们期望在目前的工作中积累大量的工作经验，不断去学习新技术，为自己未来职业生涯的进一步发展提供保障。

（4）对薪资的敏感程度较高。一般来说，低层次知识型员工作为家庭的主要劳动力，承担着供养家庭的经济重担，所以对薪酬期望值很大。

根据他们的特点，对于低层次的知识型员工，物质激励是最有效的激励方式。另外，对于那些做出突出贡献或潜力巨大的低层次知识型员工也应当给予适当的长期激励，如股权期权激励等。

2. 中层次知识型员工

中层次的知识型员工一般是团队中的中层管理者、高级技术人员等核心员工。他们具有如下的特点。

（1）事业心强。为了展示自己的能力和经验，得到领导的认可，迫切希望从事难度较高的工作，具有很强的事业心。

（2）对团队的归属感较强。他们工作的时间长，已经融入团队成为团队中关键的一环。在常年的工作中，他们能够平衡个人目标和团队目标。

（3）重视工作氛围。一个和谐的工作环境是由团队成员共同创造的，所以他们比较重视与同事的关系以及与上级的关系。

（4）渴望中长期稳定的工作回报。因为企业的发展，团队中将会不断出现新员工。新员工的出现意味着竞争压力的增大。所以中层次的知识型员工希望团队能给予长期稳定的福利作为公司对自己的认可，同时避免失业的危险。

根据他们的特点，对于中层次的知识型员工，将物质激励和精神激励有机结合起来是效果明显的激励方式。除此之外，还需要通过适当的长期激励将员工自我价值的实现和团队的利益捆绑起来。

3. 高层次知识型员工

高层次知识型员工包括高级管理人员、高层决策人员与核心技术人员等维持团队运营的顶尖员工。他们具有如下的特点。

（1）此时的他们已经成为企业的权威人物，是团队中的佼佼者，位高权重。多年的职场工作使其归属感强烈。从组建团队到发展团队的过程中都离不开他们的努力付出。团队的成功是他们辛勤工作的成就。团队就像他们的孩子一样，所以他们对团队具有强烈的认同感。

（2）渴望得到尊重与信任。高层次知识型员工为团队发展付出了巨大的努力，十分渴望得到认可，而这种认可在公司上下对自己的尊重上体现得尤为明显。

根据他们的特点，对于高层次知识型员工，需要为他们提供一个充分发挥才能、满足自我实现需求的舞台。对于新领域的开发和先进技术的研究，应充分信任高层次知识型员工，让他们在这些项目中发挥主导作用，充分展示自己的才华。这也是给高层次知识型员工精神激励的一种好方法。通过授予各种荣誉称号，使其感觉得到公司乃至社会的认同，满足其渴望得到尊重的需求。

四、把握激励的前提和时机

狭义上的前提，是事物发展的充分条件。员工对物质、精神方面有需求，这是激励的一个前提。而团队发展对员工工作绩效做出要求，这也是激励的一个前提。

广义上的前提，可以理解为原因。团队激励员工的原因大致分为两类，一类是企业自身需求，一类是员工自身的需求。团队要发展，就要具有盈利的潜力和能力，员工的工作绩效是影响团队发展的核心因素。员工工作效率低，绩效不佳，团队的竞争力不断减弱，逐渐被市场淘汰。通过激励员工，提高员工的工作积极性，有利于提高绩效，绩效的不断累加推动团队竞争力的增强。员工不同于机器，是有需求的人。当需求不被满足时，会影响工作绩效。激励员工，就是通过满足员工的需求来刺激员工提高工作效率，取得良好的工作绩效。

时机,是具有时间限制性的机会。时机出现的时间短,往往稍纵即逝,且具有很大的偶然性,这就增加了确定激励时机的难度。虽然时机不可被预测,但会产生重大的影响。由于时机的重大影响,这就更促使激励主体抓住时机。激励时机是各种主客观因素相互作用形成的、有利于实现激励效果的客观条件。合理地选择和利用激励时机,有利于实现和加强激励效果。

矛盾是时机的孕育者,发生矛盾时就会出现时机。受限于工作能力和工作环境,员工在工作时的情绪会变化。当遇到矛盾时,有的员工会困惑、迷茫甚至焦虑,抑制了他们对工作的积极性和热情。如果管理者在了解情况后通过积极沟通解决了矛盾,那么员工对工作的积极性和热情将逐渐恢复,激励的效果就得到了发挥。

时机不会主动找上门来,只有人去寻找时机,在必要时还要学会创造时机。在团队管理者和员工之间同样存在"不对称信息理论",两者之间由于缺少沟通和交流,信息交流不流畅,管理者难以察觉时机的到来。受到传统文化的影响,员工很少主动与领导者沟通交流。但作为利益共同体,为了减少、消除该理论的消极影响,管理者应该做到主动与员工沟通。

复习思考题:
1. 团队激励的目的是什么?
2. 简述双因素激励理论。
3. 常用的激励方法有哪些?
4. 如何进行团队激励?

拼多多:电商黑马是如何激励员工的?

拼多多,是国内移动互联网的主流电子商务应用产品。2015年9月,拼多多正式上线。仅用了3年的时间,拼多多于2018年7月正式在美国纳斯达克上市。仅用了5年的时间,截至2020年底,拼多多平台年活跃买家数达7.88亿,成功超越阿里巴巴(同期阿里巴巴年活跃买家数为7.79亿,京东为4.72亿)。拼多多以其独特的社交加电商的经营模式,在竞争激烈的电商行业杀出了自己的一条血路。以低价打动消费者的拼多多,对待员工也是在用低价吸引策略。

在拼多多的发展史上,截至目前共实施了两次股权激励授予计划,"2015年计划"及"2018年计划"。在拼多多成立的同一年,拼多多就通过了全球股权激励计划("2015年计划"),在公司成立初期即向员工、董事和顾问发放基于股权的薪酬奖励,以激励员工的业绩。对于公司的早期雇员,即创始团队来讲,他们承担着公司创始初期可能面临的巨大经营风险。同时,对于拼多多来讲,创业初期也是公司最难吸引到人才的时候。

在公司成立早期，相较于现金激励，对创始团队进行股权激励更能将员工的利益与公司的利益紧紧绑定在一起。

在上市当年，拼多多再次实施了"2018年计划"用以继续激励员工，在上市前再次鼓舞军心。拼多多在公司发展的重要时间点，即公司成立当年和上市当年两个节点分别实行了不同的股权激励计划。根据拼多多招股书中的披露，多名高管在其发展史上都得到了持续性的激励。

在2018年激励计划下，公司约定所有股权激励可发行的最高股份总数为363 130 400股。另外，公司约定自2019年1月1日起，每个财政年度的第一天，可发行的最高股份可增加以下两者的更低者，以持续性地激励员工。

1. 上一财政年度最后一天已发行和流通在外的股份总数的1.0%。
2. 与董事会约定的数量。

员工在以极低价格得到公司股份的同时，也被要求与公司的利益牢牢绑定在一起。期权会在4年内匀速成熟，每年成熟授予数量的25%。除去明确的4年成熟期外，在行权后的3年内，未经公司事先书面同意，员工不得出售或转让因行权而获得的A类普通股。另外，若在3年禁售期内，与本公司自愿或非自愿解除劳动关系的，本公司可以按照期权行使价回购股票。

因此，锁定期的实质为3年的额外隐性服务期，从而将期权的归属期延长至总共7年。这些设置都使员工和公司的利益长时间绑定到了一起，有利于提升团队的凝聚力。

拼多多对于所有员工一视同仁，黄峥自己作为公司的创始人也以身作则。在拼多多到达其鼎盛之时，董事长黄峥宣布辞任CEO职位，他在2021年致股东信中承诺，在不再担任董事长和拼多多管理职位后，个人名下的股票在未来3年内继续锁定，不会出售，坚持持有公司股票，与其共同成长。

资料来源：知乎网，2021年，略有删减.

案例分析题：

从案例中可以看出拼多多公司使用了何种激励理论？为什么拼多多公司的激励方法能够有效激励员工？

坦丁姆：平级交流激励制度

美国加州北部"硅谷"地区有一个飞速发展的计算机公司。这个公司叫作坦丁姆计算机公司。坦丁姆计算机公司是詹姆士·特雷比格于1970年创建的。1980年，它的年销售量为3亿多美元。1985年它的销售量已达到10亿美元。人们普遍认为，坦丁姆公司的管理是很有特色、极为成功的。

詹姆士在斯坦福大学获得工程硕士学位后曾在德克萨斯仪器公司工作过几年，随后自己便在"硅谷"创建了坦丁姆计算机公司。

坦丁姆公司处在加州北部硅谷高科技地区,来自各方面的有力竞争相当激烈。由于激烈的竞争环境,公司面临着生存与发展严峻的挑战。也由于詹姆士本人的管理天赋和实践,他创造了一套有效而独特的管理自己员工的方法。

他为员工创造了极为良好的工作环境。在公司总部设有专门的橄榄球场地、游泳池、图书阅览室,还有供职工休息的花园和宁静的散步小道等。他规定每周五下午免费为员工提供啤酒。公司还经常定期举办各种酒会、宴会、员工生日庆祝会,同时还举办由女员工担任裁判的男员工健美比赛等活动,并通过这些活动倾听员工对公司的各种意见和建议。除此之外,他还允许员工有自行选择机动灵活的工作时间的自由。

詹姆士也很注意利用经济因素来激励员工。他定期在员工中拍卖本公司的股票,目前,几乎公司的每个员工都拥有公司的股票。这样就大大地激发了大家为公司努力工作的热情。

詹姆士还要求每个员工都要制订出一个具体的了解公司、学会和掌握公司内部各种工作的计划,以及自己期望能得到的培训、进修和发展的五年战略计划。这样,每个员工都可逐渐了解公司、结合培训和进修逐渐学会和掌握公司及本行业中先进的科学技术。为此,大家对公司都有强烈的感情和责任心,平时不需要别人来监督就能自觉地把工作做好,能自觉地关心公司的利益和发展前途。因为公司的绝大多数员工都拥有公司的股票,所以大家对公司的利益及其成功都极为关心。

詹姆士本人又是一位极为随和、喜欢以非正式的身份进行工作的有才能的管理者,由于他在公司内对广大管理人员、技术人员和工人都平等地采用了上述一系列的措施,公司绝大多数人都极为赞成他的做法。公司的绝大多数员工都把自己的成长与公司的发展联系起来,并为此而感到满意和自豪。

资料来源:王志. 坦丁姆:平级交流激励制度[J]. 人才资源开发,2008(7):90-91. 略有删减.

宋志平:点燃员工心中的火

扫码观看视频

宋志平("水泥大王",曾任中国建材集团有限公司董事长)非常重视战略,他在视频中讲述了在收购重组建材公司时的两件大事,一是收购(徐州)海螺公司,使因竞争激烈同时亏损的两家企业产生协同效应;二是短时间内兼并重组浙江200多家水泥企业。这里详细讲述了浙江重组过程中的"三盘牛肉"(指与原浙江四大领头水泥私企的负责人沟通,许诺了三项好处,价格公允、保留股权和在承认原则的前提下保留管理层),可供激励手段方面的参考。宋志平崇尚以人为本的管理,强调了企业员工的重要性,讲述了点火、带头推销、以身作则等实例,另外也提到了很多企业改革的想法,值得借鉴。

第八章
团队成员培养

内容提要

团队成员培养是团队发展的人才战略。一个团队的创建、一名新成员的加入,团队成员培训均必不可少,开展培训是培养团队成员的第一步。团队成员逐渐适应工作环境,融入团队,团队与团队成员相互影响,树立团队价值观和团队制度是团队培养的关键。团队始终处于不断变化之中,并始终伴随团队成员的更新,培养团队成员不是千篇一律,而是需要量体裁衣,促使不同类型成员激发出最佳潜能。

第一节 团队成员培养的第一步

一、培训的内涵

培训是组织、员工相互了解、相互融合的过程,开展培训是培养团队成员的第一步。培训也是提高团队成员的工作能力、增加工作经验以更好地适应工作岗位和工作节奏,从而达到团队预期目标的一种手段。

在培训过程中,成员必须了解自己的工作内容和工作要求,即团队对员工进行必要的知识培训和技能培训。除此之外,团队还必须要对员工进行团队文化的培训,包括团队发展的愿景、使命和价值观等。

愿景指的是团队、企业未来发展的规划,是团队、企业的创始人和领导者对团队、企业发展方向与性质等问题的回答。使命是指团队在社会发展中承担的社会责任。即便是作为经济活动的主体的企业——盈利是企业发展的目标,但企业在自身发展的同时,需要招聘员工、购买设备、建立工厂、自主研发等,这些行为会起到带动就业、促进科技创新、增加税收、促进经济平稳运行等积极作用——发挥企业的社会责任。如阿里巴巴在盈利有余后，建设阿里医院、蚂蚁森林；在抗击新冠肺炎疫情期间，阿里巴巴捐款11亿元驰援武汉。又如华为在通信技术上打破了技术壁垒，为我国5G技术领跑全球做出了巨大贡献等。价值观是团队对某件事的价值判断和价值选择，就是在道德和法律的标准下，以利益为核心，判断这件事应不应该做，值不值得做。

对成员进行团队文化培训，就是对员工进行思想教育，进行精神上的行为规范。依据企业文化，培养员工的工作态度和工作理念。

二、培训的分类

根据培训内容等级不同，人员培训分为新员工培训、岗位技能培训、提高培训和高级培训。

新员工培训面向的是刚刚加入公司的员工。他们对团队的认知程度低，所以这种培训侧重于让新员工更全面地了解公司的发展状态、规章制度、企业文化、各部门职能以及工作环境，逐渐消除新员工的疑惑，使他们尽快进入工作状态。

岗位技能培训的对象是拥有基础的工作经验和技能且需要继续提高的员工，主要是团队基础层、中层的管理者和技术型员工。所以培训的内容是契合岗位需求的知识与技能，包括高效沟通能力、有效激励能力、领导力、培养员工的技能等。

提高培训、高级培训与新员工培训、岗位技能培训有很大区别，主要是针对团队、企业中的决策层开展培训。培训内容主要包括管理经营的理念和方式、决策能力、规划能力等。培训的主要方式是通过聘请高校讲师或者委托外部专业机构对员工进行培训，或者团队、企业委派员工到高校进行研修或其他相关企业进行考察学习和交流等。

按照培训和工作的关系可以划分为岗前培训、在职培训和脱产培训。

岗前培训针对的是企业招聘的新员工或者是调任到新岗位的员工，是保证员工成功入职的"第一课"。"第一课"的目的是让员工了解相关岗位的具体要求和企业的整体情况，掌握相关的工作技能。

在职培训，指员工一边工作，一边接受培训。培训针对工作中存在的问题，使员工获得更多的收获。由于不脱离岗位，可以节约时间。在职培训一般选用已有的场地和培训人员，在一定程度上节约了企业的财力。但员工工作、培训"两手抓"会增加员工压力，这时需要管理者采取激励措施。

脱产培训，指员工离开原来的工作岗位后，全身心地投入培训中，针对的是企业的优秀员工。脱产培训一般由公司内外部的专业技术人士或专业培训师负责对员工进行培训，所以成本比较高，不适合在企业中大规模地进行。但脱产培训的效果显著，会让优秀员工更加优秀。

三、培训的目的

1. 企业角度

内外环境共同影响着企业的健康成长与快速发展。一方面,对企业而言,外部环境不仅意味着机遇,也意味着挑战,在机遇与挑战并存的情况下,企业要抓住机遇,随时做好迎接挑战的准备;另一方面,对企业而言,自身一旦落后于市场和社会的发展,就会被残忍地淘汰和抛弃。当企业的能力不足以强大到改变外部环境时,就必须要通过改变自己的发展战略来适应外部环境。员工通过不断的培训,会逐渐跟上时代的步伐,以此满足社会的需要。打造优秀的企业文化,不断提高自身的劳动生产率,从而促进企业整体效率的提高,为企业发展创造优势。

2. 员工角度

企业是员工的第二个"家",作为一个大家庭的成员,就要去了解熟悉自己的家。培训正是让员工互相了解的最佳途径。员工通过培训获得了新方法、新技术、新规则,提高了自己的技能,工作质量和工作效率不断改善和提高,个人的能力与素质也不断提高。

培训,是为了培养人才,也是让人才成为更优秀的人才,为公司的发展提供高质量的源源不断的人才。员工是企业生存的不竭动力之源,企业的生存离不开员工的成长。企业通过培训的方式,提高员工工作绩效,员工个人的工作绩效越高,他们的工作绩效会叠加越多,整个团队、企业的工作绩效就越高,有利于企业员工与企业共同发展。

四、培训的意义

员工通过培训后,他们的工作知识、技能与态度明显提高与改善,由此提高企业效益,获得经济市场竞争的优势。具体体现在以下五个方面。

1. 提高员工的工作能力

员工培训的直接目的就是要发展员工的职业能力,使其拥有更强大的胜任力来维持日常的工作状态,解决工作中的难题。在能力的培训方面,传统的培训重点一般放在基本技能与高级技能两个层次上,但是随着时代的发展,未来的工作对员工提出了更高的要求,需要员工掌握更丰富广博的知识,通过培训员工学会知识共享,获得创造性地运用知识来调整产品或服务的能力。同时,培训提高了员工的工作能力,员工工作能力的提高意味着良好的工作绩效,这使得领导者为工作绩效突出的员工做出升职或加薪的决定。

2. 有利于企业获得竞争优势

企业发展对人才需求越来越大,要求也越来越高。当大量的复合型人才共同为某一企业工作时，企业就获得了人才和市场优势；另外，员工培训可提高企业对新产品的研究开发能力。员工培训就是要不断培训与开发高素质的人才，以获得竞争优势，这是不争的事实。员工培训是创造智力资本的途径，智力资本包括基本技能、高级技能以及自我激发创造力。

3. 有利于改善企业的工作质量

工作质量包括生产过程质量、产品质量与客户服务质量等。对员工而言，培训是提高其素质、职业能力的有效手段；对企业而言，培训能够直接提高和改善其工作质量。培训可增加员工的安全操作知识，提高员工的劳动技能水平，增强员工的岗位意识，增强员工的责任感，规范生产安全规程，增强安全管理意识，提高管理者的管理水平。

4. 有利于高效工作绩效系统的构建

随着知识经济的不断发展，员工技能和工作角色的变化越来越受到科学技术的影响，企业需要对组织结构进行重新设计。在团队工作系统中，对于那些扮演许多管理性质的工作角色的员工要进行科学技术培训。培训员工熟练地使用互联网、全球网及其他用于交流收集信息的工具，可使企业工作绩效系统高效运转。

5. 可以满足员工实现自我价值的需要

在现代企业中，员工的工作目的除了赚钱养家糊口，更重要的是作为独立的个体实现自我价值的满足。通过不断的培训，员工获得大量的新知识，学会了很多新技能，从而更好地适应或能接受具有挑战性的工作与任务。当他们通过个人的努力完成了繁杂的工作任务后，就实现了自我成长和自我价值，这不仅使员工在物质上得到满足，而且使员工得到精神上的收获。企业通过培训能够传播企业精神、企业文化内容，提升核心竞争力，增强凝聚力、员工归属感，从而实现企业可持续发展。

第二节 团队成员培养的关键是什么？

一、树立团队价值观

（一）价值观

价值观是团队的核心与灵魂。价值观是个体对客观事物做出的价值判断和价值选择，本质上是思考成果的体系化。作为精神文化的一部分，价值观是个体做出行动的理论先导。一个团队、一个企业必须树立价值观。价值观是团队、企业在长期发展中形成的理念和文化氛围，体现着团队、企业共同的追求和信念，也是原则的体现。每个团队、企业因为经历不同，价值观也会不同。但价值观一经产生，基本上不会变化，具有长期的相对稳定性。

（二）价值观在团队发展中的作用

1. 导向规范

员工经过思考什么是正确的、什么是错误的、什么是重要的、什么是不重要的、该不该做、值不值得做后，可以决定自己的行动。当他的价值观对某行为加以限制时，一般来说就不会去做，因此价值观在一定程度上约束了个人行为。

2. 产生凝聚力

员工进入团队，成为团体的一部分，此时员工的行为不仅要对自身负责，也要对团队负责。当员工为谋求私利而损害了团队的整体利益时，就会受到制度规范的惩罚。没有员工愿意受到惩罚，那么员工就会被动增强对团队的认同感。如果员工产生了对团队的归属感和认同感，就会自觉维护团队的形象。

3. 精神生产力

价值观是企业文化的一部分，能够起到精神激励的作用。当管理者通过精神激励的方式满足了员工的需求，使员工拥有一个良好的精神世界时，则有利于激发员工在工作时的积极性，提高团队、企业的工作绩效。

（三）团队价值观建设的有效措施

1. 加强入职培训

培训不仅可以培养员工的工作能力，也可以在培训过程中向员工传递团队价值观。工作的追求和理念要成为整个团队的原则。

2. 多种方式宣传团队价值观，树立模范

文字是文化的载体，企业通过发行内部刊物，鼓励员工围绕团队价值观为刊物投稿，也是一种宣传团队价值观的有效方法。

新媒体的出现会加速团队价值观的宣传。首先，企业可以利用"两微一端"，即微信、微博和新闻客户端，运用新媒体力量制定特定的企业客户端、短视频官方账号等，并通过网络、电视等进行宣传。其次，通过网络平台制定特定的广告，对促进企业价值观的宣传也具有重要的作用。

管理者还可以组织频率适中的团体活动，将团队价值观贯彻于团体活动中，在轻松愉悦的氛围中宣传团队价值观。对于那些践行并维护团队价值观的员工进行奖励，让他们成为其他成员的行为模范，引导成员践行团队价值观。

3. 建立完善的奖励惩罚机制

团队价值观确立后，就需要制度来维护。对于违背团队价值观的成员，不论成员的职位高低和工作绩效优劣，都必须进行惩罚。对于践行并维护团队价值观的成员，都必须进行奖励。惩罚和奖励，是遵守规则的体现，表明了团队价值观的重要性。

二、建立团队制度

（一）强化团队精神意志

所谓团队精神，是指团队成员为了实现团队的利益与目标而相互协作的作风。团队精神的核心是奉献，奉献可以激发团队成员的工作动力，为工作注入能量。团队精神的精髓是承诺，团队成员共同承担集体责任。没有承诺，团队如同一盘散沙。做出承诺，团队才会齐心协力，成为一个强有力的集体。

团队精神的内涵主要体现在三个方面：第一，在团队与成员之间的关系上。团队精神表现为团队成员对团队的强烈归属感，团队成员认为自己所在的团队是自己的"家"，将自己的未来和前途都与这个"家"的命运系在一起，愿意为团队的利益与目标而奋斗。团队成员极具团队荣誉感，在处理个人利益与团队利益的关系时，团队成员坚持团队利益第一的原则，个人服从团队。团队与其成员成为一荣俱荣、一损俱损的命运共同体，共同存亡。第二，在团队成员之间的关系上。团队成员之间的相互协作是团队精神的具体表现。团队成员彼此间利益共享，相互宽容，彼此信任。在工作中互相协作，在生活中彼此关怀。团队成员和谐相处，凝聚力强，追求团队的整体绩效。第三，在团队成员对团队事务的态度上。团队精神表现为团队成员对团队事务的全身心投入。团队充分调动成员的积极性、主动性、创造性，团队成员共同管理、决策。团队成员在处理团队事务时尽职尽责，充满了活力，洋溢着热情。

强化团队精神意志的前提是团队成员已经具有团队精神，所以强化团队精神意志的第一步是培养团队成员的团队精神。

（1）员工培训。在培训对象上，员工培训不仅要培训新员工，也要加强对老员工的培训。在培训内容上要重视传递团队、企业的价值观、愿景和使命。

（2）确立明确的共同目标。目标是团队存在和发展的动力，是团队成员利益的集中体现，是鼓舞斗志协调行动的关键因素。团队的目标愿景是勾勒团队未来的一幅蓝图，在目标的引航下，使其成员之间的行为相互依存、相互影响，精诚合作，勇往直前。团队精神的导向性，就是把团队整体目标进行有效分解，成为各个小目标，并有效地传达给所有的团队成员，齐心协力，落实责任，实现目标。如果没有明确的导向目标，团队内的成员就会各唱各的调，不仅无法奏响和谐的乐章，无法完成预期的任务目标，团队人员满腹牢骚、互相抱怨，团队也会快速陷入分崩离析的境地。

（3）沟通。管理者既要密切关注成员日常的工作情况，也要经常关心成员日常的生活情况。管理者可以通过与成员交流沟通，了解成员的思想，倾听成员的心声，在成员遇到困难时提供帮助。这不仅能及时接收到成员的反馈，改进领导工作上的不足，还可以弱化领导与被领导的工作关系，帮助领导和成员建立朋友关系，方便后续的沟通交流，形成良性循环。沟通还可以加强同事之间的信任。管理者可以利用空闲时间，通过多次召开小组会议、开展各种娱乐团体活动等形式，为团队内成员相互沟通交流创造机会，在缓解工作压力的同时,加深成员之间的相互了解。

当团队成员具有团队精神后,管理者需要在不断强化对员工的培训、多次设立共同目标和加强沟通的同时采取激励措施,这样,团队精神意志也会不断强化。

(二) 建立分层分类的团队培养体系

为什么要建立分层分类的团队培养体系?这是因为在我们的日常生活中存在着一个"定位效应"现象。它是指一个人自己选定的角色位置不因其他因素而发生太大变化的现象。社会心理学家曾做过一个试验:在集体活动中,让一群人自由选择座位,完成座位选择后,让他们到室外休息一会儿再进入室内选座,重复几次后,发现大部分人都选择了他们第一次坐过的座位。

"定位效应"现象对团队管理者的启示是:在成员明确自身职责时,管理者也必须为成员做好角色定位。角色的不同导致发挥的作用不同,这就对团队成员培养提出了不同的要求——建立分层分类的团队培养体系。为建立分层分类的员工培养体系,管理者需要做大量的基础性、系统性工作,包括员工能力分析、员工对工作的需求、工作岗位数量、工作岗位对工作能力的要求、建立详细的员工档案和畅通及时的反馈机制等。

(三) 建立以战略为导向的绩效管理体系

"绩效"这一概念起源于西方,国外很多学者都站在各自不同的层面对"绩效"的概念进行了界定,概括起来主要可总结为以下三点:第一,将绩效看作工作的效率和效能;第二,把绩效看作工作行为、方式和过程;第三,把绩效看作最终的工作成果,即为企业带来的价值和效益等。此外,站在管理学的层面来看,也可将绩效理解为组织所预期实现的结果,是促进组织达到相关战略目标的重要途径,其主要从组织绩效以及个人绩效这两大方面进行设计。组织绩效主要依赖于个人绩效的完成,个人绩效的考核则主要是以组织绩效目标的分解为指导。

绩效管理应该与发展战略相结合。团队在一段时间内确立的发展方向的选择和目标被称为团队的发展战略,该战略具有相对稳定性,但团队也会根据社会环境及团队自身情况做出调整。若团队的绩效管理不能与团队的发展战略有机结合起来,那么绩效管理就不能正常发挥作用。因此,成员的工作绩效要服务于团队发展战略。

建立以战略为导向的绩效管理体系是培养员工对工作、团队、企业的高度责任感的有效方式。成员的工作绩效目标是管理者根据团队发展战略调整的结果,团队在各个时间段的发展战略不同,成员的工作绩效目标应随之改变,而不是为了工作而工作。管理者通过分析团队发展战略和成员的工作能力,将绩效目标具体到每一位成员身上。针对性的绩效目标划分,使成员的工作目标更加明确清晰,有利于成员将工作完成得更好。

以战略为导向的绩效管理体系包括绩效管理和绩效反馈两方面。绩效反馈是上下级就绩效管理各方面的沟通与交流。管理者在绩效反馈中要了解员工的工作情况,提出指导和建议,帮助员工解决工作难题;员工在绩效反馈中除了向领导报告工作情况,还可以向管理者提出相关建议,寻求帮助,了解并改正工作中的不足之处,从而预先降低工作难度，加速完成工作。通过绩效反馈，员工和领导实现共同进步。绩效反馈是为了发现、解决工作问题的，需要管理者和员工真诚地、及时地沟通。常见的绩效反馈方式有书面报告、面谈、会议。在进行绩效反馈时，一般过程为员工回顾绩效目标和报告工作进度—管理者听取汇报后做出评估—员工和管理者对评估进行商讨—确立新的具体的绩效目标。

（四）建立动态化组织与职业通道

动态化组织与常态化组织相对。常态化组织负责正常情况下的运转，需要严格按照相关制度进行。当出现特殊情况时，就需要动态化组织。动态化组织是适应组织随时的需要而产生的，内部成员可以来自不同的部门，成员也可以随时更新，成员的权力也可以根据需要随机调整，具有强大的灵活性。

建设动态化组织，就要打造动态化的职业通道。动态化的职业通道能够"不拘一格降人才"。受中国传统文化的影响，在大多组织中，员工的晋升有时会受到年龄和工作时间以及学历的限制。虽然有为，但是因为年纪轻、职位低或者学历低，则难以晋升，这是对人才资源的浪费。动态化的职业通道正是把员工的能力和贡献作为标准，尊重人才，允许破格晋升。动态化的职业通道为老员工带来压力。新员工作为人才晋升后和老员工平起平坐，如果老员工懒惰，安于现状，新员工甚至会成为老员工的领导。通过动态化的职业通道，所有员工都会认识到如果不作为、不思进取，必将被淘汰出局，激励着每位员工都要保持奋斗的状态。

（五）淘汰机制

淘汰机制在团队成员培养中发挥特殊作用。一方面，淘汰机制发挥着激励和筛选作用，会激发团队成员的危机感，成为其工作的一部分外在动力。淘汰机制适应了组织发展的需要。如在特殊时期，一个企业要从传统企业转型升级为高新技术企业，就会淘汰一部分传统劳动力。另一方面，淘汰机制是公平的一种体现。团队的收益是有限的，绩效不佳的成员在不能促进团队发展的同时，还要分割绩效突出成员的收益，这对绩效突出成员是不公平的。

常见的淘汰机制包括直接淘汰制、末位淘汰机制和逐级尾数淘汰制。

直接淘汰制只看重某一次的考核绩效，通过该次绩效考核断定成员表现是否合格。不合格者直接被淘汰，毫不留情地剥夺了成员改进的机会，缺少了"以人为本"的管理理念。

末位淘汰机制是一种常见的、被广泛使用的淘汰机制。末位淘汰机制对绩效不佳的成员会进行再培训或者根据其情况调整分工后继续考察。多次考察不合格后，才会被团队淘汰。末位淘汰制目前只是得到了大部分管理者的认可，这也间接地说明了它也是有缺陷的。在实施末位淘汰制的过程中，激励效应存在着一定的损耗。末位淘汰制对少数工作业绩较差的职工激励作用最强，因为他们稍不努力就会成为底层的一分子，作为尾数被企业淘汰掉。但对大多数绩效中等、排名处于中间状态的成员来说，激励的作用就不太强。因为他们明白自己踩在底层职工的肩膀上，不会成为少数业绩最差的成员，就不会作为尾数淘汰下来。而对少数优秀成员来说，他们总是高高在上的，从来就不用担心尾数淘汰会落到自己头上。末位淘汰制对他们的激励效果要更差一些。由此可见，末位淘汰制在激励效应上存在一个"传递损耗"，对工作表现越好、业绩越突出的成员，激励效应就越小。

逐级尾数淘汰制的出现弥补了末位淘汰制的不足。逐级尾数淘汰制，又称"动态竞争用工制度"。实行逐级尾数淘汰制的实质就是把员工的需求视为工作能力。员工对工资和福利的要求越高，工作能力和工作业绩就要越突出。对优秀员工而言，如果不思进取，就有可能被作为尾数淘汰到合格职工、基本合格员工的行列中去。对合格员工而言，如果只求安稳，就可能作为尾数被淘汰到基本合格的职工行列中去。对基本合格员工而言，如果不求上进，就会被解聘；如果不甘落后，就有可能迈向合格员工、优秀员工的行列。

案例故事

阿里271是在马云邀请的第一位CEO关明生的帮助下成立的。关明生出身于通用，是韦尔奇坚定的追随者与信仰者。他将这一理念深深植入阿里巴巴的绩效管理中，建立了完善的价值体系。这一套东西诞生的时候，马云巧妙地在壳上加了一层，形成了所谓的武侠文化。但是阿里的绩效管理体系是国际化的产物，根本没有大家想象中的那么本土化。271不仅是纵队的271，还是横队的271。如果这个级别的副总裁有10个，也必须清楚谁是最好的20%和最差的10%的副总裁。晋升、奖励、激励都与"2"有关。在阿里，271的"2"需要去除整个激励板块的20%~50%。例如，这个组有10个人。奖励10万元，一、二等奖占10万元奖金中的40 000~50 000元。必须有配额。不能说271排名出炉奖励时，"2"就类似于"7"和"1"。在阿里，升职和发财应该优先考虑"2"。平时不用谈"1"的奖金，也不需要加薪。把奖金加薪给"1"，就等于向全公司发出了错误的信号。即使是最差的10%也有奖金和加薪，还叫末位吗？还是最差的10%吗？阿里有两个考核周期，最后10%淘汰。如果是年度考核，两次考核周期为两年，季度考核为两个季度。为什么要设置两个评估周期？因为员工的一些表现是不可持续的。有好有坏的心理因素和市场原因。我们应该理解他们。但是，连续两个评估周期结果几乎相同。优秀的已经证明，落后的也很难翻身。271不仅是为了排名，也是为了兑现，最好是能够宣传。至少你应该把排名告诉他自己，让他知道他在团队中的位置。否则，评估的目的就毫无意义。

资料来源：末位淘汰制那么多人反对为什么华为和阿里坚持用[J]. 中国商人，2020（C1）：136-139.

第三节 如何培养团队？

一、优秀成员的培养策略

（一）分析优秀成员成长需求

组织中的人力资源大体可以分为顶尖成员、高水准成员、平均水准成员、低水准成员和经常惹麻烦的成员五个档次。其中，顶尖成员最多占成员总数的百分之几，甚至可能屈指可数，高水准成员最多占成员总数的两成，顶尖成员和高水准成员都是优秀成员，占了三成。平均水准成员则占了将近五成，低水准成员占了将近两成，经常惹麻烦的成员和顶尖成员同样稀少，而且往往会被清除出队伍。

所谓优秀成员，并非指某些有特定职务的成员，而是工作能力超群的成员。他们对团队业绩的贡献巨大，贡献比例甚至可能超过一半。换言之，团队的生产效能，主要取决于优秀成员的表现。

优秀成员可能是部门团队负责人，可能是资深业务骨干，还可能是新入职的杰出人才。公司招聘的每一批新成员里，总有几个人在工作两年后脱颖而出，比同期入职的人表现得更加出色，这就是优秀成员的苗子。

优秀成员对组织的发展至关重要，他们的表现决定了整个团队的生产效能。

按照理想状态，如果人人都能激发最大潜能，团队将获得惊人的效率。但这在实践中基本无法实现，每个人的能力存在差异，潜力开发水平也参差不齐。所以更加切实可行的办法是，集中力量培养成长潜力最大的优秀成员，由这些人带动全团队的生产效率。

不论什么类型的成员，入职的头几年都会有较快的成长速度。当他们对工作熟练到一定程度时，成长速度就会放缓，进入停滞期。做同一工作的时间再长，也无法提升经验和效率，只有安排新岗位或新工作时，成员才会重新回到持续上升的状态，开启新一轮循环。

优秀成员的成长曲线另有特点，他们的成长速度比平均水准的成员更快。这意味着他们会更早走完高速成长阶段，提前进入成长放缓期。按照同样的定期调岗制度，他们停止成长的时间比平均水准的成员更长。

只要优秀成员的成长开始放缓，公司就立即为其提供升职或调动机会，把他们安排到更重要的岗位上，或者派他们去执行具有挑战性的任务。一旦优秀成员完成了任务，就会自动进入成长放缓期。公司应该毫不迟疑地进行新一轮的人事调动。

与普通成员相比，优秀成员的人事调动会更加频繁，往往跟着公司最需要的方向走。这才是合理现象，既能避免优秀成员被大材小用，还能借助他们的力量盘活整个公司。假如只是按照平均水准的成员成长曲线来管理优秀成员，公司将无法达到本该达到的高度。

（二）挽留优秀成员的关键

留不住优秀人才是很多公司头痛的问题。培养一个优秀人才的成本很高，但从人力资源市场上找到符合公司需要的优秀人才也需要一些运气。即使是名声在外的卓越人物，能否跟公司完成磨合也是未知数。假如能留住现有的优秀成员，公司就可以节省很多成本，避免一些不必要的麻烦。

但优秀成员通常不容易管理，而且经常会被竞争对手挖墙脚。公司高层若不能采取一些措施来留住人心，则优秀成员很可能会跳槽到竞争对手那里，成为公司最难对付的人。

管理者常见的误区是只奖励优秀成员的已有成绩，而低估他们的潜力。优秀成员非常在意自己的成长速度。当他们发现自己与年龄相仿的优秀人才之间存在差距时，会开始思考怎样追上对方的脚步，如果判断自己留在现有岗位上无法提升，顶尖成员就会萌生去意；反之，则会安心留下来继续奋斗。这才是优秀成员跳槽的根本原因。

至于待遇水平等问题，对优秀成员来说只是一个重要的参考因素，还不是决定因素。优秀成员对自己的能力高度自信，相信自己能亲手支撑起一片天地。对他们而言，把二流公司建设成一流公司远比在一流公司坐享其成更有成就感。

假如公司高层只是简单地提高待遇，却无法满足优秀成员对成长的需求，依然无法留住他们。他们甚至可能跳槽到待遇更低但成长机会更多的公司。

挽留优秀成员可以采取以下三个关键措施：

1. 设置具有挑战性的目标

对未来感到困惑产生迷茫的优秀成员，需要的是一个更有挑战性的目标。让优秀成员过多处理自己游刃有余的日常工作未免大材小用。在缺乏压力和动力的环境下，他们的能力迟早会退步。既然如此，何不让优秀成员去执行更有挑战性的任务？我们可以在当前发展目标的基础上进行延伸，让优秀成员担负起难度更高的重大使命。让优秀成员去做其他成员无法胜任的工作，既能减轻平均水准成员的负担，又能让优秀成员焕发出新的活力。

2. 找准参考的对象

对于那些骄傲自满的优秀成员，最迫切需要管理者改变的是他们的参考对象，别让他们老是跟能力平庸的同事做比较。管理者可以为优秀成员树立三个相互比较的对象：①一年前的自己。②公司其他部门的顶尖成员。③其他公司的与自己年龄相仿的顶尖成员。

这样做可以让他们清楚地看到自己在过去一年中是否有所成长，同时也能对比出自己跟其他优秀成员之间是否存在着较大的差距。假如公司其他部门或者其他公司的优秀成员比他们优秀，就会让他们产生压力和紧迫感。特别是其他优秀成员迅速成长时，骄傲的优秀成员会不甘落后地提高自己，不再有"每年铁定得第一"的麻痹思想。

3. 为他准备一个"劲敌"

缺乏工作积极性的优秀成员，需要一个"劲敌"来刺激。他们之所以提不起干劲，是因为一般水准的成员无论多么拼命都追不上自己，于是就不再付出更多努力了。一旦团队中出现一个与之旗鼓相当的对手，他将失去高枕无忧的舒适区，被更加积极上进的"劲敌"夺走所有的掌声和荣誉。为了巩固自己的领先地位，他们必须全力以赴，不被"劲敌"甩在身后。

以上三种策略可以单独使用，也可以组合使用。对不同类型的优秀成员，要特别注意对症下药。骄傲自满的优秀成员应该多批评、多鞭策。踏实严谨的优秀成员则以鼓励和支持为主。此外，管理者还要注意处理各个优秀成员之间的关系，鼓励良性竞争，杜绝恶性竞争，确保整个团队的健康发展。

（三）给优秀成员留下成长空间

团队的综合实力上限是由优秀成员群体决定的。优秀成员拥有公司最强的战斗力，但管理不当就会让顶尖成员和高水准成员的潜力受到压抑。一个常见的管理误区是，只给顶尖成员安排能顺利完成的工作，而让高水准成员协助他们做辅助工作。

当然，"能顺利完成的工作"是按照顶尖成员的标准来判断的。对于高水准成员，反而是具有挑战性的工作，不过对于平均水准的成员而言，这些工作恐怕都是无力完成的高难度任务。管理者按照这种思路去安排工作，所有人都得不到有效成长。

这本来是一个锻炼高水准成员的机会。但是顶尖成员不费太多力就能完成目标，而高水准成员也只是比较轻松地完成了辅助工作。没有挑战，也就没有进步。高水准成员只是跟在顶尖成员后面打下手，迟早会失去上进心。而顶尖成员只是在处理对自己没有难度的工作，不可能激发新的潜力，两者的潜力都没有得到有效开发。

对于顶尖成员能够顺利完成的工作任务，高水准成员也应该积极尝试。当该类工作任务出现时，管理者应该把工作任务全部交给高水准成员去做，而不是交给顶尖成员，只让高水准成员给顶尖员工打下手，那么高水准成员就可以从中积累宝贵经验，逐步朝顶尖成员的方向进化。至于顶尖成员，他们需要去做更加复杂的任务。这样做可以同时激发顶尖成员和高水准成员的潜力。

在很多管理者眼中，顶尖成员一定会成为最好的职业导师。因为他们有着效率奇高的工作心得和过硬的技术能力，如果其他人也能掌握这笔宝贵的智力资源，公司的发展前景将难以估量。于是，有些公司会任命顶尖成员为培训讲师，负责培训下属或者新人。

让顶尖成员去培养新人，在某种意义上可能是一种浪费。顶尖成员的能力和天赋大大超过平均水准的成员，他们的高效工作法未必适用于所有人。即便平均水准的成员可以努力学习，顶尖成员也未必善于讲课。即便他们善于讲课，也会因为工作重心转移而失去挑战更高水准的机会。

其实，想要提高平均水准成员的水平，让高水准成员进行指导即可。两者的能力差距相对较小，更容易产生默契。而高水准成员在指导下属的过程中可以获得更多进步，顶尖成员从中得到的进步则少一些。

管理者可以让顶尖成员先负责挑战高难度任务，由高水准成员担任平均水准成员的指导者。当顶尖成员退休或者已经把全部潜力发挥出来时，担任导师的效果更佳，没必要在他们还处在成长阶段时让他们过早转变角色。不过，公司可以安排顶尖成员对少数高水准成员进行传帮带，把他们训练成新的顶尖成员，这些做法对顶尖成员和高水准成员的成长都有好处。

二、普通成员的培养策略

（一）分析普通成员的成长需求

普通成员占团队中的大多数，对组织的发展有一定的影响力，关键时刻对组织发展具有决定性力量。

相比于优秀成员，普通成员数量众多，工作能力一般，工作业绩一般，始终维持着所在团队在某领域的平均绩效。而团队的平均绩效是团队生存发展的基本。普通成员的成长速度慢，这意味着他们会平稳完成成长阶段，按部就班地进入成长放缓期，他们的人事调动也相对稳定。在团队看来，普通成员的可替代性强，对团队的重要性远远不如优秀成员。但普通成员数量多，俗话说"三个臭皮匠，顶一个诸葛亮"，普通成员的整体力量是绝不能低估的，他们是保证团队发展的基础力量。

物质需要是普通成员参加工作的根本原因，他们往往是家庭的主要劳动力，需要养家糊口，所以他们大部分只注重完成工作，却从来不思考怎么把工作做得更好，对工资的要求是只要能满足日常生活的开支就行。这是一种消极的工作态度，对普通成员而言，由于自身工作能力不足，缺少独立完成工作的信心，在工作中总会觉得不能把握住工作进度。因此在上级布置给他们工作任务时，他们一般会将工作任务视为挑战，甚至会产生恐惧心理。另外，多数普通成员推进工作时非常渴望得到上级领导的清晰指示，进而按部就班、稳妥地开展各项工作，害怕在工作中犯错，不去尝试创新。

（二）设置合理的最后期限

给成员设置最后期限时应该充分考虑6个问题：成员是否存在其他急需优先完成的任务？成员是否需要他人提供支援？团队中的哪些成员能为相关成员提供支援？成员是否明白完成任务所需的全部步骤，而且与相关人员做过沟通？成员能否避免被他人要求同时完成计划外的其他任务？成员以前设置的最后期限能够为本次行动提供什么样的经验教训？

（三）养成良好的工作习惯

管理者应该督促成员养成五个习惯：一是做好充分准备，制定明确的任务清单。二是从最难的事开始，而不是从最简单的事开始。三是养成紧迫感，计算自己在每个步骤耗费的时间。四是养成快节奏，提高现场工作效率，能在一个小时内完成的事情不要拖到两个小时。五是留出弹性时间，不让工作流程过于紧张。

（四）利用目标管理卡来强化效率观念

目标管理卡是常用的工作效率提升工具，它具有三个基本功能：一是明确目标与责任；二是实施控制依据；三是目标成功评价凭证。

每个部门和成员都可以制定目标管理卡，成员可以用它来进行自我评估，而团队领导人可利用目标管理卡来检查每个团队成员的目标执行效果。目标管理卡主要包括如表8-1所示项目。

表8-1 目标管理卡项目内容

项目内容	说明
目标项目	目标项目指的是该项目的内容和执行者应该达到的目标值
权限和条件	权限指的是目标责任人为了实现目标，需要领导授予的相关权力。条件是公司能为工作项目提供人力、物力、财力和信息等方面的支持，以及目标责任人对领导及合作部门提出的工作要求
工作进度	工作进度指的是目标责任人和领导经过反复讨论后一致认可的目标实施计划的进度。工作进度的期限应该根据目标的长短来安排，时间单位可以设定为年、季、月、周
自我评价	自我评价指的是目标责任人对目标完成情况和取得成果进行自我评价。自我评价的内容主要是目标执行过程中的经验教训总结
领导评价	领导评价是管理者根据目标管理卡的要求和目标责任人的自我评价来对目标实施结果进行考核，并根据考核结果来提供意见或建议
奖惩措施	奖惩措施指的是管理者根据目标能否按时完成，对目标责任人或其直接上级在任用、职务、薪酬福利等方面进行奖惩

（五）制订合理的工作计划

对于普通成员而言，可实现的任务目标和清晰的操作步骤是必不可少的。他们在明确的工作流程中按部就班，就可以大大提升工作效率。否则普通成员会多花几倍的精力来寻找"合理的工作流程"，在工作中走很多弯路。因此，管理者在制订工作计划之前，必须把如表8-2所示六个问题考虑清楚。

表 8-2 计划执行前需要考虑的六个问题

问题	说明
目标是什么	（1）确保能够在规定时间内按要求高质量地完成任务。 （2）确保工作进度不失控。 （3）确定具体的工作对象。 （4）确定执行方案和操作技术。 （5）清理与目标任务相关的所需物资、技术援助、质量检测、生产安全保障等问题
合理的执行时间	（1）明确目标执行的具体起始日期和结束日期。 （2）明确各阶段规定的时间内需要完成的任务。 （3）明确突发事件或意外情况发生时可以宽限的天数和应对措施
适宜的执行地点	（1）筛选合适的地点来开展工作。 （2）筛选合适的物资采购点，确保物资能及时安全送达公司。 （3）筛选合适的地点来储存物资、货物和设备
合适的执行人选	（1）找出操作技术最出色的人。 （2）找出当前操作最方便的人。 （3）找出对具体任务最有经验的人
执行的目的	（1）分析执行这项任务的必要性和意义。 （2）分析执行这项任务是否符合市场的需求。 （3）分析执行这项任务能否为公司带来足够的收益。 （4）分析客户能否迅速接受我们的执行成果
怎样执行	（1）确定最省时省力的工作方法。 （2）确定最能降低失误率的工作方法。 （3）确定最经济划算的工作方法

三、低水平成员的培养策略

（一）分析低水平成员成长需求

低水平成员占组织中的很小一部分。团队在招聘时，很少会出现招聘到低水平成员的情况。但团队中存在着低水平成员。他们可能是因为刚刚接触新事物还不熟悉导致工作能力低下，是短暂性的低水平成员。他们也可能是长期对待工作不认真、不负责，工作能力普遍较低，工作效率低，导致完成不了工作绩效指标，是长期性的低水平成员。

（二）设置合理的目标

管理者不能对低水平成员放任不管，因为他们的工作能力可以通过培训和指导提升。管理者在面对低水平成员时，应与他们多交谈，结合实际情况判断低水平成员出现的原因。对于短暂性的低水平成员，管理者应给予理解，给他们时间解决问题。对于长期性的低水平成员，管理者需要对他们提出适当的批评，提示如果长期绩效低，会面临被解聘的情况。旁敲侧击后，再观察成员的行动。若他们依旧我行我素，可以考虑解聘；若他们开始改变工作态度，积极工作，那么管理者可以加强对他们的培训和指导。在完成培训和指导后，设置他们工作绩效指标仍然需要注意循序渐进。指标太高，低水平成员不容易完成，挫伤了工作积极性；指标过低，对提高低水平成员的工作能力起不到作用。所以绩效的目标要合理。合理的目标需要管理者和成员共同设置，即管理者积极接受低水平成员的反馈，不断调整设置的目标。

（三）保护工作积极性

低水平成员和其他成员都是团队中的一部分，其他成员仍然需要与他们合作。但因为低水平成员能力上的不足，常常会导致被队友"嫌弃"，造成紧张、尴尬的工作氛围。在这种工作氛围里，低水平成员的工作积极性会受到重挫，工作效率进一步下降，造成恶性循环。如果他们能被其他成员友好客气地对待，那么工作积极性会受到保护。

四、老成员的培养策略

大多数的团队仍然保持着金字塔型组织结构，管理层级越高，岗位越少。

扁平化组织的团队大多集中在互联网等新兴行业。这类团队扩张规模大，会不断组建新的业务团队，需要更加快速灵活的运营机制，也可以为一线成员提供更多升为团队管理者的机会。而传统行业的团队不具备这些条件，金字塔型结构才是更适宜的形态。所以，团队中未能升职的老成员会特别多。

人才招聘市场每年都有大量高校毕业生涌入，用人单位也因此可以不断招聘新人。新成员中的大多数人迟早也会变成没有成为管理者的老成员。如果管理层以为单靠换血就能掩盖漠视老成员的问题，必将在招聘环节浪费过多的人力资源管理成本。

此外，现在的年轻人跳槽相当频繁，反而不如老成员那样愿意长期留在公司，结果导致团队的人员结构变成铁打的团队管理者、老成员和流水的新成员。

实际上在团队中扮演骨干角色的还是未升职的老成员，他们的工作效率决定了整个团队的工作效率。若是能充分挖掘老成员的潜力，团队的战斗力就会焕然一新。

管理者如果对老成员弃之不顾，团队士气就会受挫，甚至分崩离析。当管理者纠正对老成员固有的偏见时，可以有效避免人才浪费。

宁肯"严厉的关怀"，不可"不抱期待"。管理者要把握好"严厉的关怀"的尺度，采用消极评价与积极评价相结合的策略。消极评价主要是指出缺点，提出改进意见；积极评价主要是表扬优点，及时为老成员的成长提供反馈意见。

管理者在评价成员表现的过程中，应该注意三个事项：一是奖优罚劣，言出必行；二是多肯定成员的贡献；三是不要因为曾经的错误否定成员所有的成绩。

（一）保护未升职老成员的工作积极性

只要公司还是金字塔型结构，就不可能给所有人都提供升职加薪的机会。不过，未升职老成员大多也清楚自己的发展潜力，对组织的要求不太多。他们需要的是被尊重、被期待，以及能得到组织的栽培。

（二）年轻管理者与年长的老成员

当提到年轻的管理者和年长的老成员，大部分人都会觉得对年轻管理者来说，年长的老成员是管理道路上的障碍，两者经常性水火不容。但对一名善于用人的年轻管理者而言，团队中的老同志会被他们重视。管理者为他们选择合适的职位，制定更加合理的目标，经常主动地听取他们作为"过来人"的经验教训，多表扬他们，给予他们认可，团队就会少走很多弯路，获得更高成绩。

复习思考题：
1. 团队文化包括哪些内容？
2. 为什么要对成员进行培训？
3. 普通成员与优秀成员的区别是什么？

团队成员培养

某创业公司的核心业务之一是为学校提供人工智能、编程等相关素质教育课程。为了快速占领市场，公司投入大量人力、物力和财力组建课程研发中心，并高薪聘请相关领域知名教师加盟团队。

团队组建6个月后，面对一直没有研发成果（成型的原创素质教育课程）的窘迫局面，老板认为研发中心的教师们没有为公司做出实际贡献，不应该享受相应的奖金。结果，千辛万苦挖来的研发教师纷纷跳槽，刚刚组建的研发中心变成"一座空城"。

通过离职面谈和对已经离职的课程研发教师进行回访，我们了解到以下关键信息：

（1）不公平回报。研发教师普遍认为虽然最终没有交付成果，但是自己也付出了相应的时间、脑力和精力等成本，付出了劳动理应得到奖金。

（2）研发成果不可控。研发又不是照抄，需要时间的积累和失败经验的积累。

（3）找工作容易。大部分研发教师认为自己有一技之长，到哪里都有饭吃。

经营企业的本质是经营需求，经营人性。员工通过计算自己的利益来决定自己的行为，这就是人性。而企业也应该设计相应的机制，让员工的行为没有"达标"时失去部分或全部利益。这也是一种对人性的考虑，因为人性都不希望看到"煮熟的鸭子慢慢飞走"。于是我们对研发中心的利益分配机制做了重新设计，大体思路如下：

（1）将原研发课程由评审制改为申报制，研发小组对申报项目负责。

（2）项目组在申报项目时和公司签订项目对赌协议，对赌金由项目组在项目预算 5%~20% 范围内自行决定。

（3）根据原创课程的研发进度设置阶段性成果奖金。

（4）原创课程推向市场后，根据对赌金的比例和金额享受若干年的课程红利，并在第 2 年返还对赌金。

（5）若原创课程研发不成功或虽研发成功，但是市场没有需求，则对赌金全部计入产品研发沉没成本。

该方案的核心目的是让企业和研发中心教师形成风险共担、收益共享的利益共同体。阶段性的成果奖励旨在激励研发人员继续晋级过关，享受课程分红，这样既增加了研发教师在课程研发成功后的预期收益，又能让研发紧随市场需求。而对赌金则旨在表现"交钱才能交心"，同时对赌金额的多少又和未来的课程分红挂钩，从而进一步通过激励的牵引性激发员工意愿。时至今日，××创业公司研发中心共研发出 7 大类、20 个小类具有自主知识产权的原创课程。

有了原创课程，××创业公司还需有自己的教师将这些课程呈现给学生，教师队伍的优劣直接影响原创课程的交付效果、客户满意度及后续合作。所以，××创业公司在创立之初就确立了组建教师团队的发展方向。

受限于资金压力，教师队伍只能由极小部分的资深教师和大部分"小白教师"组成。"小白教师"招上来以后，公司以集训班的形式对他们进行集训，教给他们基本课堂呈现技巧等教师岗位应具备的基本知识和技能，然后通过"师徒制"将"小白教师"分配给资深教师。接下来他们需要经历随"师傅"听课，写听课笔记，确定课程科目、内部试讲评级，最后才能上岗授课。这恐怕是很多企业的常规做法，但事实证明这种常规做法存在如下几个弊端：

（1）脱产集训式学习在学习期间不但没有为企业创造价值，还在消耗企业相关价值。比如 1 个资深教师要带 6 个"小白教师"出去上课，教室后面坐一排，在某种程度上会影响交付效果。

（2）业务发展的突发性，导致教师队伍的建设不能与之完全匹配。这表现在两方面，要么由于业务没有按照计划开拓，集训结束后有的教师没有课上；要么由于业务突增，集训教师不够用。

显然，这两种情况都是公司极不愿意看到的。教师没课上则无法创造价值，就会导致企业成本激增，只能暂时让他们转岗或裁员。教师不够用，则只能给其他教师多排课，但受制于教师日均产能，具有很大的操作瓶颈。对于一家创业公司而言，眼看着投入了成本却不能创造价值，是一种心如刀割的痛。

资料来源：冯雷. 知乎网，2022 年，略有删减.

案例分析题：
1. 从上述案例中你能获得什么启示？创业团队有哪些行之有效的成员培养方法？
2. 如果你是该创业公司的管理层，你会如何解决以上问题？

吴宏光：推上去就要管下来

履新之初，吴宏光首先要解决的就是人才队伍建设的问题，既包括临床专业人才，也包括医院管理人才。

吴宏光认为，临床专业人才流失是个深层次的问题，院方和科室都有责任，包括绩效分配、职业规划、发展平台、人文关怀等诸多因素。作为医院管理者，在队伍建设中要做到"感情留人、事业留人、待遇留人"。

在感情留人方面，医院党委积极探索医院文化建设的内容和方法，努力构建以"亲情、和睦、互助、感恩"为核心理念的"家"文化，通过职工生日福利、举办退休人员欢送会等措施，提高职工生活质量和幸福指数，并积极帮助有困难的员工解决工作和生活中的问题；在事业留人方面，医院引进了高精尖医疗设备，鼓励员工去国内外参加培训和继续教育，与国内大型三甲医院开展合作，为员工打造更大的事业发展平台；在待遇留人方面，医院对以往的绩效分配方案做出测算调整，多劳多得、优劳优得的绩效方案使员工内心逐渐平衡，同时，福利的提升让职工尊严工作、体面生活，向心力和凝聚力进一步加强。

"相比临床专业人才建设问题，医院管理人才建设则更加困难，需要从理念上做出根本改变。"吴宏光说道，"以前医院的行政后勤管理队伍不少是部队转业、关系户、接班的，整体素质较低、工资收入较低，整天无所事事，在大家眼中就是'混子'，他们管理起来没有自信，大家也看不起管理人员，乃至看不起管理岗位。"

"搞管理首先自身要懂管理，如果不懂管理，你说你搞啥管理？"吴宏光从当上医务科长后，就开始自学管理学，率先在院内获得了国家职业资格考试认证中心颁发的高级医院管理师证书以及质量管理师证书。成为院长后，吴宏光引入了平衡计分卡、品管圈、6S等管理工具，要求管理人员都要学习管理。目前，医院管理成果捷报频传，医院管理工具应用成果先后多次在国家和河南省品质管理成果大赛上斩获佳绩，医院在成为河南省通过6S达标审核的首家医院的基础上，于2021年5月25日，在全省率先通过6S管理铜牌认证。

人才队伍建设，推动着学科不断进步。近年来，医院把"大有可为"的殷切期盼转化为"大有作为"的生动实践，在重点专科建设、骨干学科发展、"五大中心建设"等方面取得了较好成绩。

资料来源：郭潇雅. 吴宏光：推上去就要管下来[J]. 中国医院院长，2021（11）：82-83.

扫码观看视频

周鸿祎：等级观念阻碍企业创新

  360公司创始人、董事长兼CEO周鸿祎在视频中讲述了自己与他人、与员工相处的过程，具体详述了与员工的管理经历，提到了团队中的团队氛围，部分内容可以帮助回顾第六章高效沟通知识点。其中团建资料包含对部分员工进行的采访，有员工提及跳槽的原因是因为在360更有挑战性，说明管理层要给予员工适当的培养、挑战和提升机会。同时也拍摄了很多公司团建项目，对团队氛围和文化的借鉴有很大帮助。

参 考 文 献

[1] 李正文,刘彩凤,王娟. 创业团队概念及作用简述 [J]. 商情,2016 (27):283.
[2] 褚觉熙. 构架·机制·精神:论团队建设的三个基本问题 [J]. 科技管理研究,2006 (10):179-181.
[3] 张增强,冯国杰,杨艳玲,等. 引入第三方评价的大学生扁平化团队创新创业能力培养模式研究:以石家庄铁道大学工业设计专业为例 [J]. 河北农业大学学报(农林教育版),2018,20 (6):83-87.
[4] 赵琳. 谈大型建设项目的扁平化组织结构构建 [J]. 建筑经济,2008 (S2):227-229.
[5] 齐凯隆. 商务管家:去中心化自组织的创新产业 [J]. 商场现代化,2019 (21):10-11.
[6] 曲冯佳. 企业扁平化组织结构创建分析 [J]. 人才资源开发,2021 (4):93-94.
[7] 周跃进,郝巳玥,张连敏,等. 自组织团队特征分析 [J]. 管理学报,2010,7 (8):1159-1164,1170.
[8] 秦书生. 自组织的复杂性特征分析 [J]. 系统科学学报,2006 (1):19-22.
[9] 王超. 起步型大学生创业项目的帮扶理论与实践:以哈尔滨工程大学"深度科技发展有限公司"为例 [J]. 教育教学论坛,2019 (21):1-2.
[10] 陈毅鹏. 格列卫营销管理案例研究 [D]. 厦门:厦门大学,2014.
[11] 王丽君. 新时代下大学生创业团队的组建原则分析 [J]. 泰州职业技术学院学报,2020,20 (Z1):61-63.
[12] 沈薇. 基于马斯洛需求理论的大学生创业团队管理研究 [J]. 无线互联科技,2019,16 (17):149-150.
[13] 易芳. 从一杯校园咖啡说起:东华大学"校企合一、知行合一、五位一体培养现代纺织服装产业创新创业人才"项目 [J]. 中国纺织,2016 (5):37.
[14] 李晔. 企业团队沟通管理问题探讨 [J]. 企业改革与管理,2020 (17):90-91.
[15] 杨发,周成录,沈利玲,等. 初创企业投资风险特征分析 [J]. 时代金融,2019 (27):27-28.
[16] 徐代军. 联想"教父"柳传志 [J]. 国资报告,2019 (3):104-107.

[17] 沈小滨. 领导力的唯一定义: 有人自愿追随: 让人追随的五项实践与四大品质 [J]. 中国领导科学, 2018 (6): 48–50.

[18] 文晓立, 陈春花. 领导特质理论的第三次研究高峰 [J]. 领导科学, 2014 (35): 33–35.

[19] 李永. 创始人自恋特质对企业成长性的影响研究 [D]. 杭州: 浙江工业大学, 2016.

[20] 晁玉方, 王清刚. 领导特质理论的历史与发展 [J]. 山东轻工业学院学报 (自然科学版), 2012, 26 (3): 77–82.

[21] 李明. 三种西方领导理论的简介及其对我们的启示 [J]. 教育教学论坛, 2017 (48): 211–213.

[22] 蔡光荣, 唐宁玉. 创业领导关键维度的探索性研究 [J]. 华东交通大学学报, 2006 (6): 39–43.

[23] 毛伟. 创业型领导、双元性创新与新创企业成长关系研究 [D]. 常州: 常州大学, 2016.

[24] 曲维鹏. 创业型领导行为及其与创业绩效的关系研究: 青岛创业模式初探 [D]. 杭州: 浙江大学, 2005.

[25] 李华晶, 张玉利. 创业型领导: 公司创业中高管团队的新角色 [J]. 软科学, 2006 (3): 137–140.

[26] 徐娟. 创业型领导行为与创业绩效关系研究 [D]. 广州: 暨南大学, 2013.

[27] 李恒, 李玉章, 陈昊, 等. 创业型领导对员工组织承诺和工作满意度的影响: 考虑情绪智力的中介作用 [J]. 技术经济, 2014, 33 (1): 66–74.

[28] 陈文沛. 创业型领导、心理授权与员工创新行为 [J]. 技术经济与管理研究, 2015 (10): 45–49.

[29] 陈文沛. 创业型领导影响员工创新行为多重中介效应的比较 [J]. 技术经济, 2015, 34 (10): 29–33, 41.

[30] 王寿松. 中国: 呼唤创新型领导人才 [J]. 领导科学, 1999 (11): 3–4.

[31] 梁丽芝. 论创新型领导人才的培养 [J]. 湘潭大学社会科学学报, 2002 (1): 135–137.

[32] 吴新华. 创新型领导的修炼 [J]. 决策, 2006 (11): 50–51.

[33] 杨显岳. 新时期呼唤创新型领导 [J]. 湖北经济学院学报 (人文社会科学版), 2007 (4): 10–11.

[34] 何卫华. 创新型企业家综合评价指标体系研究 [J]. 商场现代化, 2008 (34): 225–226.

[35] 胡国栋, 魏伊涵. 创新型领导的时代诉求及其维度分析 [J]. 领导科学, 2011 (2): 10–12.

[36] 钟建安, 谢萍, 陈子光. 领导—成员交换理论的研究及发展趋势 [J]. 应用心理学, 2003 (2): 46–50.

[37] 杨维臻. 高质量管理的前提：领导者与管理者的正确定位 [J]. 理论探讨, 2002 (5)：71-72.

[38] 杨隆根. 管理者与领导者的区别与联系 [J]. 领导科学, 2004 (6)：25-26.

[39] 王东明. 领导和管理的区别在哪里？ [J]. 时代经贸, 2014 (6)：8-9.

[40] 朱敏. 领导≠管理 论领导者与管理者的职能差异 [J]. 中国人才, 2001 (1)：34-36.

[41] 徐玉高. 领导者与管理者的角色定位 [J]. 中国石油企业, 2012 (10)：60-61.

[42] 王岚, 尹潇泉, 张东莱. 团队领导力 ITO 评估法及其应用 [J]. 中国人力资源开发, 2013 (13)：67-70.

[43] 李晓露. 授权型领导的影响因素研究述评 [J]. 黎明职业大学学报, 2016 (1)：37-41.

[44] 李艳. 授权型领导对员工创新行为的影响机制研究：组织承诺和内部人身份感知的作用 [D]. 徐州：中国矿业大学, 2019.

[45] 王辉, 武朝艳, 张燕, 等. 领导授权赋能行为的维度确认与测量 [J]. 心理学报, 2008, 40 (12)：1297-1305.

[46] 林晓敏, 林琳, 王永丽, 等. 授权型领导与团队绩效：交互记忆系统的中介作用 [J]. 管理评论, 2014, 26 (1)：78-87.

[47] 陈亮, 沈文竹, 郑伟波, 等. 自我赋能时代背景下"心理授权"的三十年研究述评 [J]. 中国人力资源开发, 2019, 36 (3)：37-52.

[48] 陈晨, 时勘, 陆佳芳. 变革型领导与创新行为：一个被调节的中介作用模型 [J]. 管理科学, 2015, 28 (4)：11-22.

[49] 邢璐, 孙健敏, 尹奎, 等. "过犹不及"效应及其作用机制 [J]. 心理科学进展, 2018, 26 (4)：719-730.

[50] 企业员工管理方法研究组. 企业员工授权方法 [M]. 北京：中国经济出版社, 2002.

[51] 金伟. 新时代煤炭企业行政管理创新路径探析：以中煤集团山西华昱能源有限公司为例 [J]. 科技经济导刊, 2018, 26 (13)：227.

[52] 李美霖. 浅析在全球化背景下提高英语在行政管理中应用的必要性和相关措施 [J]. 经贸实践, 2018 (1)：338-339.

[53] 李伊轩. 对企业行政管理人员选拔任用原则的探讨 [J]. 中国商论, 2019 (3)：135-136.

[54] 蔡圣刚. 如何提升人员选拔、安置与培训的质量：卡特尔 16PF 人格测评在人力资源管理中应用 [J]. 科技管理研究, 2010, 30 (24)：125-128.

[55] 栾琨, 谢小云. 国外团队认同研究进展与展望 [J]. 外国经济与管理, 2014, 36 (4)：57-64.

[56] 黄玉清, 徐旭珊. 团队授权：创建高绩效的项目团队 [J]. 经济管理, 2003 (2)：12-17.

[57] 董建华, 高英. 知识型团队信息异质性与团队绩效: 集体心理所有权与团队认同作用视角 [J]. 企业经济, 2020, 39 (7): 65-72.

[58] 罗宾斯. 组织行为学: 第10版 [M]. 孙健敏, 李原, 译. 北京: 中国人民大学出版社, 2005.

[59] 霍丽娅. 改变传统观念, 构建现代组织文化 [J]. 西南民族大学学报 (人文社科版), 2004 (9): 352-354.

[60] 肖志雄, 楼健佳. 组织文化和心理所有权对知识型团队知识共享的影响机制研究 [J]. 农业图书情报学刊, 2016, 28 (4): 13-16.

[61] 朱立言, 孙健. 学习型组织文化与领导角色 [J]. 国家行政学院学报, 2007 (4): 85-88.

[62] 李明. 授权: 组织追求卓越不可或缺的文化 [J]. 世界标准化与质量管理, 2008 (1): 52-54.

[63] 严蓉蓉, 周鑫. 大型企业授权体系建设方法 [J]. 中国管理信息化, 2015, 18 (21): 110-113.

[64] 马跃如, 蒋珊珊. 团队认知多样性、知识共享与团队创新绩效: 基于包容性领导的调节效应检验 [J]. 湖南大学学报 (社会科学版), 2020, 34 (5): 45-51.

[65] 白瑷峥. 基于员工需求满足的人性化工作设计 [J]. 山西财经大学学报, 2011, 33 (S1): 115-116.

[66] 黄健. 人格特质、共享心智模型对团队效能影响的实证研究 [D]. 杭州: 浙江财经大学, 2013.

[67] 张瑞娟, 尹鹏飞, 王延泽. 性别视角下授权型领导、领导—部属交换及其二者关系 [J]. 中国人力资源开发, 2014 (7): 25-29.

[68] 张文慧, 王辉. 长期结果考量、自我牺牲精神与领导授权赋能行为: 环境不确定性的调节作用 [J]. 管理世界, 2009 (6): 115-123.

[69] 杨英, 龙立荣, 周丽芳. 授权风险考量与授权行为: 领导—成员交换和集权度的作用 [J]. 心理学报, 2010, 42 (8): 875-885.

[70] 林孟韦. 印象管理, 规避冲突, 权力距离及非真诚效忠主管 [D]. 嘉义: 中正大学, 2008.

[71] 刘生敏, 廖建桥. 权力距离、工作负担与领导授权行为 [J]. 工业工程与管理, 2013, 18 (6): 115-121, 133.

[72] 魏延军, 江洪明. 如何授权: 通过别人完成工作的艺术 [M]. 北京: 企业管理出版社, 1999.

[73] 徐世雄. 有效授权: 提升公司绩效的有效途径 [M]. 北京: 中国商业出版社, 2004.

[74] 王鲁捷, 韩志成. 团队授权力度评价指标体系研究 [J]. 南京理工大学学报 (社会科学版), 2005 (5): 40-45.

[75] 李德荃, 陈秀花, 赵国庆. 项目评估 [M]. 北京: 对外经济贸易大学出版社, 2012.

[76] 张少芳. 信息收集与处理［M］. 北京：北京大学出版社，2013.

[77] 周小桥. 项目管理四步法［M］. 北京：团结出版社，2003.

[78] 刘学江. 完善事业单位人力资源岗位动态调整机制［J］. 才智，2019（14）：235.

[79] 白思俊. 现代项目管理［M］. 北京：机械工业出版社，2003.

[80] 钟伟君. A 公司高效团队建设研究［D］. 桂林：广西师范大学，2019.

[81] 威索基. 有效的项目管理：第 4 版［M］. 费琳，译. 北京：电子工业出版社，2009.

[82] 王超. 项目决策与管理［M］. 北京：中国对外经济贸易出版社，1999.

[83] 美国项目管理协会. 项目管理知识体系指南：PMBOK 指南：第 5 版［M］. 许江林，译. 北京：电子工业出版社，2013.

[84] 曾颖. 把下属培养成你：提升团队执行力的学问［M］. 北京：金城出版社，2018.

[85] 曾国豪. 提高核心竞争力的企业文化研究［J］. 品牌（下半月），2015（8）：231.

[86] 熊雄. HP Way：卓越惠普的密码［J］. 中外企业文化，2007（3）：50 – 53.

[87] 李伟平. 浅谈企业开展项目后评价的典型做法［J］. 中小企业管理与科技（上旬刊），2021（3）：156 – 157.

[88] 宋善明. 新入职员工有效沟通的重要性［J］. 人力资源，2020（22）：18 – 19.

[89] 江丽丽. 高中班主任沟通路径与技巧分析［J］. 文存阅刊，2019（6）：205.

[90] 周磊. 高效管理和高效沟通［J］. 江苏商论，2004（5）：101 – 103.

[91] 金戈. 高效沟通：高效团队的助推剂［J］. 程序员，2005（4）：83 – 84.

[92] 张晓光. 企业内部的沟通渠道［J］. 中国人力资源开发，2005（5）：46 – 47.

[93] 林丁妮. 企业人际关系的沟通技巧［J］. 现代经济信息，2017（2）：73，75.

[94] 周锐. 初入职场员工沟通艺术［J］. 商情，2016（38）：152.

[95] 李晓跃. 同事之间如何友好竞争［J］. 领导科学，2001（15）：18 – 19.

[96] 张维新. 下级正职如何履任上级副职［J］. 领导科学，2001（15）：19.

[97] 刘正周. 管理激励与激励机制［J］. 管理世界，1996（5）：213 – 215.

[98] 陈国宏. 人力资源管理［M］. 北京：北京理工大学出版社，2017.

[99] 朱迎春. 论企业人力资源管理中激励机制的运用［J］. 中小企业管理与科技（上旬刊），2019（4）：1 – 2.

[100] 马弘刚. 激励机制在油气企业中的实践［J］. 人力资源，2021（12）：120 – 121.

[101] 孙永正. 管理学［M］. 北京：清华大学出版社，2007.

[102] 余玲艳. 员工情绪管理［M］. 北京：东方出版社，2007.

[103] 陈国权. 组织行为学［M］. 北京：清华大学出版社，2006.

[104] 廉志端. 现代组织管理中应充分发挥负激励的作用［J］. 兰州商学院学报，2005（2）：49 – 51，94.

[105] 黄志坚. 批评与自我批评对企业团队学习能力及绩效的正向关系研究［J］. 深圳职业技术学院学报，2017，16（4）：9 – 14.

[106] 曹廷贵，王少国. 团队激励计划的设计［J］. 中国劳动，2011（10）：41-42.

[107] 郝玮. 个人激励与团队激励的选择［J］. 地质技术经济管理，2002（6）：49-52.

[108] 欧阳新年. 建立企业骨干人员激励机制的探讨［J］. 企业活力，2003（6）：6-8.

[109] 潘璇，鄢晶，杨光，等. 电网企业核心骨干员工甄选研究［J］. 中国电力企业管理，2018（18）：66-67.

[110] 赵振宇. 制定企业激励目标应注意些什么［J］. 中外企业文化，1995（4）：33-34.

[111] 王晓刚. 企业知识型员工的层次分类及其激励策略研究［J］. 管理观察，2009（9）：65-66.

[112] 陈国宏. 人力资源管理［M］. 北京：北京理工大学出版社，2017.

[113] 侯艳红. 浅议事业单位科室团队精神［J］. 现代经济信息，2015（13）：80.

[114] 张海燕. 浅谈团队精神［J］. 现代商业，2012（8）：107.

[115] 张从容. 浅议如何加强团队精神建设［J］. 品牌（理论月刊），2011（12）：35，38.

[116] 田丰. 企业人力资源绩效和薪酬福利风险管理分析［J］. 中国商论，2021（9）：100-102.

[117] 刘官胜. 企业绩效管理存在的问题及对策探讨［J］. 企业改革与管理，2021（10）：103-104.

[118] 孙科柳，易生俊，曾文明. 华为人力资源管理方法论［M］. 北京：中国人民大学出版社，2016.

[119] 王兴利. 末尾淘汰制的不足及补正［J］. 煤炭经济研究，2000（12）：69.

[120] 末位淘汰制那么多人反对为什么华为和阿里坚持用［J］. 中国商人，2020（C1）：136-139.

[121] 黄永涛. 精英员工与普通员工的分化风险与融合方案［J］. 领导科学，2019（9）：27-29.

[122] STERNBERG R J. Wisdom, intelligence and creativity synthesized［M］. Cambridge：Cambridge University Press, 2003.

[123] JOSH A A, SHARON A, JONATHAN A R, et al. The empowering leadership questionnaire: the construction and validation of a new scale for measuring leader behaviors［J］. Journal of organizational behavior, 2000, 21（3）.

[124] KANTER R M. Change masters［M］. New York：Simon and Schuster, 1984.

[125] ABHISHEK S, KATHRYN M B, EDWIN A L. Empowering leadership in management teams: effects on knowledge sharing, efficacy, and performance［J］. The academy of management journal, 2006, 49（6）.

[126] JOSH A A, SHARON A, JONATHAN A R, et al. The empowering leadership questionnaire: the construction and validation of a new scale for measuring leader behaviors [J]. Journal of organizational behavior, 2000, 21 (3).

[127] PEARCE C L, SIMS H P. Vertical versus shared leadership as predictors of the effectiveness of change management teams: an examination of aversive, directive, transactional, transformational, and empowering leader behaviors. [J]. Group dynamics: theory, research, and practice, 2002, 6 (2).

[128] JAY A C, RABINDRA N K. The empowerment process: integrating theory and practice [J]. The academy of management review, 1988, 13 (3).

[129] SPREITZER G M. Psychological empowerment in the workplace: dimensions, measurement, and validation [J]. Academy of management journal, 1995, 38 (5): 1442 – 1465.

[130] AHEARNE M, MATHIEU J, RAPP A. To empower or not to empower your sales force? An empirical examination of the influence of leadership empowerment behavior on customer satisfaction and performance. [J]. The journal of applied psychology, 2005, 90 (5).

[131] LEE J K. Defining and measuring empowering leader behaviors: development of an upward feedback instrument [J]. Educational and psychological measurement, 2000, 60 (2).

[132] MINYOUNG C, SETH M S, FRANCIS J Y, et al. Two faces of empowering leadership: enabling and burdening [J]. The leadership quarterly, 2016, 27 (4).

[133] MICHAEL D E, KEITH M H, CRAIG L P. The importance of vertical and shared leadership within new venture top management teams: implications for the performance of startups [J]. The leadership quarterly, 2006, 17 (3).

[134] BRADLEY L K, BENSON R. Beyond self-management: antecedents and consequences of team empowerment [J]. The academy of management journal, 1999, 42 (1).

[135] LI R, WANG H, HUANG M P. From empowerment to multilevel creativity: the role of employee self-perceived status and feedback-seeking climate [J]. Journal of leadership & organizational studies, 2018, 25 (4): 430 – 442.

[136] NATALIA M L, SARA J P. When is empowerment effective? The role of leader-leader exchange in empowering leadership, cynicism, and time theft [J]. Journal of management, 2017, 43 (5).